El **Zen aplicado a los negocios**
es editado por
EDICIONES LEA S.A.
Charcas 5066 C1425BOD
Ciudad de Buenos Aires, Argentina.
E-mail: info@edicioneslea.com
Web: www.edicioneslea.com
ISBN 978-987-634-121-9

Primera edición, 3000 ejemplares.
Impreso en Argentina.
Esta edición se terminó de imprimir en
Agosto de 2009 en Printing Books.

Puente, Juan José
   El zen aplicado a los negocios : un camino de iluminación hacia el
éxito . - 1a ed. - Buenos Aires : Ediciones Lea, 2009.
   128 p. ; 22x14 cm. - (Emprendedores; 8)

   ISBN 978-987-634-121-9

   1. Superación Personal. I. Título
   CDD 158.1

El Zen aplicado a los negocios

Un camino de iluminación hacia el éxito

Juan José Puente   4   5   6   7   8   ▶

EDICIONES
Lea

Los riesgos de teorizar sobre el Zen

Teorizar sobre el Zen es meterse en problemas. Y es que el espíritu mismo del Zen va contra toda forma de teorización, ordenamiento y formalidades varias. Quien busque hacer del Zen una enumeración cual manual de preceptos, chocará contra la imposibilidad que el mismo objeto de trabajo plantea. La empresa que habrá emprendido ese iluso pronto se convertirá en algo tan infructuoso como querer atrapar una sensación en un recipiente, o guardar un sentimiento en una cajita de cristal.

Las dificultades que plantea el estudio del Zen desde el intelecto son de lo más variadas. Al Zen no se lo puede explicar. Sí se pueden ir planteando problemáticas de la vida real y a partir de allí acercarse a alguna posible solución que podría aportar su sabiduría milenaria. Pero aún así, el Zen es "tramposo": en nuestro camino por conocer su sentido parecerá, cada tanto, que hemos encontrado una definición exacta, sentiremos que hemos guardado una fórmula Zen en nuestro bolsillo para hacerle frente por siempre a un problema de nuestra cotidianeidad, pero pronto caeremos en la cuenta de que aquello que nos parecía tan sólido deja de serlo y aquello otro que hasta un minuto antes tenía un sentido, ya no lo tiene o no por lo menos con la fuerza que habíamos sentido recientemente. El conocimiento del Zen es como esos sueños que nos invaden en la noche como una historia coherente y fabulosa, pero que cuando intentamos llevarlo a palabras apenas despertamos caemos en la cuenta de que ya ha perdido todo su sentido... y nos deja esa sensación de que algo fabuloso se nos ha escapado de las manos a último momento.

Planteada esta problemática, ¿es posible pensar en un Zen aplicado a los conflictos de la vida real? O más precisamente aún: ¿es posible imaginar las enseñanzas del Zen aplicadas al febril mundo de los negocios? Y he aquí una nueva paradoja con la que el Zen nos desafía: el Zen trasciende su propio mundo de enseñanzas y prácticas y se mezcla con lo real, pero, al mismo tiempo, el Zen parece no existir fuera de sus prácticas. Los intentos por intelectualizar sus enseñanzas en más de una ocasión han dado como resultado una filosofía que se queda a medio camino entre la espiritualidad y la practicidad.

Al mismo tiempo, igual de arduo es compilar un catálogo histórico de conocimientos y enseñanzas Zen dispersos a lo largo de la historia. Por más que hurguemos en archivos, apenas si podremos dar con unas desmembradas recopilaciones de sermones de boca de los primeros Maestros Zen. Aún así, queda una última dificultad: de estas exposiciones, lo único que podría tomar la forma de "lecciones zen" se presenta en forma de diálogo entre un Maestro y un discípulo (que reciben el nombre de Mondo) y, en la mayoría de los casos, rompen con toda la lógica del diálogo tal cual lo entendemos en la cultura occidental y moderna.

Pero aún más ardua puede resultar la encumbrada aventura de explicarlo por escrito, ya que de por sí y dada la esencia del Zen, casi todo cuanto lo rodea es trabajoso de traducir en palabras, ¡y cuánto más complicado será explicarlo por escrito! Y es que todo aquello que está escrito conspira contra su misma esencia. Aún así, dable es hacer el esfuerzo por trasladar estas enseñanzas milenarias (así como lanzadas al viento por verdaderos Maestros del pensamiento y la espiritualidad) y ver cómo cobran vida en auxilio de los desafíos que les plantea la vida moderna a los hombres y mujeres de hoy en día.

Esa es mi intención y la propuesta de este libro.

Capítulo 1

El camino del Zen: de Oriente a Occidente, del monasterio a la urbe

De alguna manera podría decirse que la primera forma en la que se llamó a aquello que hoy conocemos como *Zen*, fue con el término sánscrito *dhyana* que designa un estado mental cercano a la contemplación y la meditación, pero, con un sentido más amplio que el que pueden entender los recién iniciados. Cuando pasó a China el *dhyana* fue nombrado con el caracter chino *chan*, manteniendo el mismo sentido que en India. Fue en su llegada a Japón que adoptó el término *Zen*, que finalmente no es otra cosa que la lectura en japonés de ese caracter chino *chan* ya nombrado.

Primera estación: India

El Zen tiene origen en el budismo y por lo tanto hay que rastrear sus inicios en India. Es allí hasta donde nos traslada la tradición para contarnos sobre el Buda Shakyamani, una figura fundacional que es al Zen lo que Cristo para los cristianos y Confucio para el pensamiento chino.

El Buda Shakyamani nació en el 563 a.C. en el sur de Nepal (geográficamente ubicado en el Himalaya, hoy entre la República Popular China al norte y la India al sur) en el seno del clan de los Shakya, una rama de la casta Kshatriya. El recién llegado estaba destinado a una vida de lujo y poder, pues ya su padre, el rey Shudhodana, tenía planeado que su hijo fuera quien lo sucediera en el trono.

Como estaba escrito, el futuro Buda pasó una juventud alejada de toda realidad doliente y hacía gala en el palacio que lo cobijaba de una inteligencia muy superior a la media. A los 16 años se casó, como era acostumbrado entre los suyos, con su prima Yashodhara. De la relación con ella nació su primer hijo, Rahula, pero con el hijo llegó la primera de sus crisis existenciales. Pronto sentiría que la vida que tenía no lo completaba como hombre.

Aún cuando su padre y toda la corte intentaron que el joven no conociera la realidad de pobreza que rodeaba su palacio, el joven accedió a algunas experiencias que trastocarían todas sus ideas sobre la vida. La tradición cuenta que Buda descubrió —en una de las ocasiones en que logró escapar al cuidado de los cortesanos y adentrarse entre los mercados del pueblo—, lo que fue interpretado como una transmutación de cuatro dioses disfrazados: un anciano abandonado a su suerte, un enfermo terminal, un cadáver y un monje sin lugar donde asentarse.

Cuando cayó en la cuenta del nivel de sufrimiento al que podía ser sometido el hombre durante su existencia y, aún más, cuando comenzó a dilucidar que de existir la reencarnación después de la muerte, a ese mismo hombre solo le seguía un sufrimiento eterno, entendió que su paso sobre la tierra tenía como motivo de ser el alejar al ser humano del sufrimiento.

El espíritu del Zen está grabado a fuego en esta primera actitud de quien hasta ese momento sólo era un joven movilizado por profundas inquietudes existenciales. Una noche como cualquier otra el Buda Shakyamani decidió abandonar todas las comodidades que cobijaban su principesca existencia: tomó uno de los caballos del rey, se deshizo de las elegantes vestiduras que lo aprisionaban, se rapó la cabeza y se vistió con ropas propias de un mendigo. Luego se perdió en el bosque.

Seguidamente pasaron seis largos y duros años en los que el Buda aprendió —a base de mortificación y ascetismo— todo aquello que se puede aprender sobre meditación y disciplina. Se cuenta que aún acosado por los más diversos males, el buda logró la iluminación. Una vez que había alcanzado aquello que había buscado durante tanto tiempo, fue a Sarnath, al

Parque de los Venados (una ciudad india que con el tiempo se convertiría en una de las cuatro ciudades santas del budismo y la cuna de la primera comunidad budista) y allí dio el primero de sus discursos que se conoce con el nombre de "La puesta en movimiento de la rueda de verdad o Dharma".

Desde ese día y por casi 45 años el Buda enseñó a todos sin distinción de sexo ni clase social. Finalmente, murió en Kusinagar en el año 483 a.C. Su discípulo Mahakashyapa sería el continuador para propagar las enseñanzas del Zen.

Mahakashyapa, el primer patriarca del budismo, nació en la poderosa tribu Kashyapa en el pueblo de Mahatitta, en el antiguo reino indio de Magadha (actualmente al sur de Bihar). Desde muy pequeño dio muestras de su prodigiosa inteligencia y pronto se empezó a marcar en su carácter una llamativa inclinación por el ascetismo, la humildad y el despojamiento. Como era de esperar pronto se alejó de todas las comodidades que le brindaba su vida, gracias a sus afortunados progenitores. Aún así, un poco para complacer a sus padres que soñaban para él una vida familiar y de nobleza, se casó, pero era tal la fuerza de su destino que aquella que había elegido por mujer tenía la misma idea sobre la necesidad de una vida altamente espiritual y lo acompañó en sus decisiones.

Fue así que apenas cumplidos los doce años decidió seguir definitivamente la vida religiosa y con el acuerdo de su mujer, salió en la búsqueda de un Maestro. Finalmente, y en medio de su búsqueda, se cruzó en su camino el buda Sakyamuni y ante tal presencia, Mahakashyapa le rogó que lo aceptara como su discípulo. Pronto se convertiría en el seguidor de buda más fiel y sería él mismo quien adoptaría más estrictamente todos los mandamientos de ascetismo. Así, abandonaría todo interés por la comida, la ropa y la casa, y viviría con aquello mínimo e indispensable para seguir adelante.

Con el tiempo y ante las evidentes señales de sus condiciones para el liderazgo y la espiritualidad, Mahakashyapa

decidió que sería Sakyamuni y no otro quien debía suceder-
lo a su muerte. A poco del deceso del buda, Sakyamuni ya
había comenzado a ordenar las numerosas y dispersas enseñanzas de su Maestro, comenzando un camino de transmisión de la filosofía Zen que se mantiene hasta nuestros
días. Sakyamuni moriría en el año 383 a.C., pero ya para
ese entonces el budismo Zen era una disciplina largamente
difundida entre fieles seguidores.

Segunda estación: China

Teniendo en cuenta que el Zen, tal como lo conocemos hoy,
tiene origen en el budismo es importante saber que el budismo se asienta en China en el siglo I. Claro, que en un inicio
es una simple transposición del budismo indio que tenía entre
las principales actividades la traducción y el estudio de textos sagrados, considerándose como sagrado solo a aquello
con origen indio. Es apropiado también tener presente que el
budismo indio dedica gran parte de su tiempo al estudio de
textos porque considera que el ejercicio de la lectura es un
componente importante del camino hasta el despertar. Con
el tiempo, el budismo irá resignificándose en China, aleján-
dose del formalismo y tradicionalismo del budismo chino y
sumando textos apócrifos (no de origen indio).

La conocida como la escuela Chan será una de las iniciadoras
de este cambio, y pueden encontrarse sus primeras señales a
mediados del siglo VI. Esta escuela deja en un segundo pla-
no el estudio de los textos sagrados y apunta a un carácter
directo e intuitivo como vía para llegar al ansiado despertar.
Y quizá lo más trascendental de esta escuela Chan es que
confía en la sabiduría innata de todo ser humano, confiando
en que esa misma sabiduría lo puede llevar al despertar, algo
así como un carácter innato de budeidad en todo ser vivo.

Este cambio radical dará la posibilidad a todos los laicos de lograr un nivel de espiritualidad tan alto como el de un monje y, al mismo tiempo, será fundamental para la expansión del Zen. Esta reformulación del budismo estará centrada en el trabajo de la mente y de la meditación (de ahí el nombre de la escuela, porque la palabra chan de alguna manera podría traducirse como "escuela de la meditación").

Tampoco puede pasarse por alto la figura de Bodhidharma, un monje indio que habría traído el Zen a China en el siglo VI en representación del buda, de quien se decía era su sucesor número 28 según la tradición. Bodhidharma habría llegado a China en el 520 a.c. después de un largo periplo en búsqueda de la sabiduría y el despertar, y pasando por una larga estadía de meditación ante un muro (que con el tiempo terminó entendiéndose que no era otra cosa que un bloqueo en su mente). Se cuenta también que fue Bodhidarma quien imprimió al Zen en China de elementos del taoísmo y el confucianismo. A Bodhidarma lo seguirán seis patriarcas más que luego continuarían la tradición que llevaría la enseñanza hasta nuestros días, primero pasando por Corea, Japón y Vietnam.

Asimismo hay que rescatar que durante los primero tiempos de existencia el budismo chan coexistirá con otros varios métodos de meditación y contemplación. Algunas desaparecerán con el tiempo, pero la conocida como escuela de la Tierra Pura influirá y será de enorme importancia para el crecimiento de la disciplina (la escuela de la Tierra Pura es, de hecho, la escuela propiamente china más antigua del mah y na, aunque en sus inicios emergió de textos del budismo Indio). Para el siglo XI el budismo chan ya estaba completamente asentado en China, en donde poseía una vasta red de templos y monasterios, y se había convertido, junto a la escuela de la Tierra Pura, en escuela principal.

Tercera estación: Japón

Cuenta la tradición que uno de los iniciadores del Zen en Japón fue un monje llamado Eihei Dogen. El nombrado partió 700 años atrás a China en busca de los verdaderos Maestros Zen, pero para su sorpresa se encontró con que el Zen tal como había nacido en China se había degenerado con el paso del tiempo. Para cuando Dogen visitó China se encontró con monjes ricos, aburguesados, que casi habían abandonado la práctica del Zazen y que sólo pensaban en embellecer sus templos y en busca de dinero sólo enseñaban las técnicas del Zen en los lugares más reservados para las elites.

Después de seis años de vagar sin suerte por China, Dogen ya estaba por volver rendido a su Japón natal convencido de que ningún monje tenía la estatura como para formarlo espiritualmente. Estaba a punto de embarcar rumbo a Japón, cuando dio con un viejo monje que estaba secando hongos al sol. Fue entonces que Dogen se le acercó y le dijo: "monje, viejo, ¿qué está haciendo usted aquí?", y el monje le contestó: "como usted ve estoy secando unos hongos. No hago otra cosa que aquello que me toca como responsable de la cocina. En cuanto termine de secar estos hongos caminaré los 15 kilómetros que me separan de mi templo y una vez allí me dispondré para cocinar con arroz los hongos que he secado con tanto cuidado, y se los serviré a los monjes". Entonces Dogen sorprendido dijo: "¡pero usted es muy anciano como para estar haciendo esto! En su lugar debería haber un monje joven que una vez lavados y secados los hongos se los lleve a usted a la cocina". A lo que el monje viejo respondió: "yo solo puedo comprender lo que yo mismo hago, los otros no pueden hacer por mí lo que a mí me corresponde, de lo contrario no sería yo quien estaría comprendiendo. Así es el Zen, tal como lo enseña el que es mi Maestro". Ante tamaña verdad Dogen quedó pasmado. Se dice que luego de tal revelación el monje viejo invitó a Dogen a conocer a su Maestro Eijo. Hasta aquel templo fue Dogen y allí permaneció por muchos años aprendiendo sobre el Zen. Luego volvería a Japón para dar a conocer todo aquello que había aprendido.

Finalmente, Dogen introdujo el Zen en Japón en el 1227 (creando las bases del Zen contemporáneo).Dogen fue el iniciador en Japón de lo que se conoce como Soto Zen (la parte del Zen que pone más énfasis en la práctica del za-zen) pero también fue importante para el Zen en Japón el monje budista Eisai, quien en 1191 introdujo en ese país la vertiente conocida como "Rinzai Zen", que se ocupa de los problemas de meditación (en japonés *koan*) que tienen como base los diálogos entre antiguos Maestros y alumnos, una técnica conocida como mondo. Las dos escuelas japonesas del Zen tienen como objetivo final el satori (la iluminación) pero no toman los mismos caminos: La escuela Soto Zen tiene como herramienta para llegar al satori la contemplación silenciosa; la escuela Rizai, en cambio, propone llegar al satori alimentando la duda mediante el trabajo con el sistema Koan, que propone el desafío de resolver una especie de diálogos entre Maestro y discípulo. Así, esta última escuela apuntaría más a la acción y la primera de ellas a la contemplación.

También es dable destacar que bajo la influencia del Zen los japoneses elevaron hasta límites insospechados el arte de la ceremonia del té, desarrollando también una forma de poesía característica: el haiku, un verso en extremo breve.

Cuarta estación: Occidente

El primer país no asiático en tener contacto con el Zen es Estados Unidos. Este contacto había llegado con la ocupación norteamericana de Japón. Ya con la finalización de la Segunda Guerra Mundial (1939-1945) el Zen pega el salto a Europa. Es el intelectual japonés Daistez T. Suzuki quien con su *Ensayos sobre el budismo Zen* publicado en inglés, aporta la primera teoría sobre la cuestión en Occidente. Y si bien antes del siglo XIX se contaban algunas excepciones como los estudios cristianos sobre la vía monacal Zen o el inglés Christmas Humphrey y su difusión de la religión budista, fue a mediados del siglo XX y empujados por el movimiento históricamente conocido como contracultura, que Occidente adoptó una especie de fiebre por el Zen de la mano de artistas, filósofos y psicólogos.

Síntesis del Capítulo 1

- La primera manera de nombrar aquello que hoy entendemos por Zen fue Dhyana (en sánscrito, una antigua lengua hindú), en su llegada a China adoptó el caracter chan y fue para su arribo a Japón que tomó el término Zen.

- El Zen tiene origen en el budismo, en la India, y se inicia cuando el Buda Shakyamani llega a la instancia de iluminación o despertar (satori).

- El Zen llega a China a mediados del siglo VI empujado por la escuela chan y encabezado por el monje indio Bodhidharma.

- El monje Eihei Dogen introdujo el Zen en Japón en 1227, iniciando la escuela Soto Zen, germen del Zen contemporáneo.

- A mediados del siglo XX y empujado por el movimiento conocido históricamente como contracultura, el Zen arriba a Occidente, apadrinado por intelectuales y artistas.

Capítulo 2

¿Qué es el Zen?

"Una transmisión especial aparte de las escrituras que no depende de palabras y letras que señala directamente a la Mente/Corazón hace ver en la Naturaleza Esencial y realiza el Despertar."

Bodhidharma

Se dice que el Zen es un camino budista de liberación y en esa definición hay mucho de verdad porque la disciplina tiene su origen en la India y, de alguna manera, tiene como acto inaugural (por así decirlo) la experiencia del Buda Shakyamuni quien realizó el despertar en la postura de Zazen en el siglo VI d.C. También es cierto que desde aquel momento la experiencia del Zen se transmitió sin interrupciones de Maestro a discípulo hasta nuestros días.

Partiendo de esta primera definición podemos ver que la enseñanza del Zen no parte de un compendio de conocimientos teóricos sino de una experiencia viva, la de este Buda en la India del siglo VI a.C. Al mismo tiempo ya podemos dar cuenta de la finalidad última de la disciplina Zen: alcanzar el despertar. Y es que Buda no tenía como objetivo dar nacimiento a una nueva religión sino más bien dar nuevos elementos al ser humano para que éste comprenda los motivos de sus sufrimientos y, al mismo tiempo, pueda librarse de éstos. He aquí, entonces, uno de los elementos centrales del Zen: el despertar del Buda, también conocido como suprema sabiduría, verdadera libertad o satori (iluminación).

Claro que este camino hasta el despertar o satori es largo, arduo y requiere de una disposición y un entrenamiento bastante particular. Igual de importante en la enseñanza del Zen es entender el espíritu del Zazen, que de buenas a primeras podría decirse que es aquel método que lleva al hombre hasta la iluminación. Aún así, explicar en profundidad qué es el Zazen podría desviarnos totalmente de nuestro primer objetivo (conocer qué es el Zen) por lo que nos ocuparemos de ello en el capítulo siguiente. Por lo pronto tengamos en cuenta que el Zen es una práctica con un método original de entrenamiento corporal y espiritual y que tiene como objetivo el despertar, o la auto-realización.

Decíamos que el Zen tiene como finalidad última la experiencia de la iluminación, claro que esta misma es la esencia de todas las escuelas de filosofía oriental, entonces ¿qué es lo que hace al Zen tan original? Deberíamos decir que la disciplina del Zen es única porque se concentra únicamente en esta experiencia de iluminación y no se ocupa de hacer un análisis teórico de ésta. En realidad el Zen no está interesado en nada más que la experiencia de iluminación y lo demás son elementos secundarios. La experiencia Zen es la experiencia de iluminación y trasciende toda categoría de pensamiento. El Zen no se ocupa de ninguna abstracción ni construye teorías. Más apropiado es traer a cuenta las palabras del Maestro Zen Suzuki quien alguna vez lo definió como "la disciplina de la iluminación".

Mucho se ha discutido si el Zen es una filosofía o una religión. De acuerdo a lo que vamos viendo podríamos decir que ni lo uno ni lo otro. Tampoco puede considerarse una forma de filosofía elevada, ni un compendio de ética y moral y menos aún un tratado de ideas de corte espiritual. Como decíamos, el Zen es la experiencia viva de la iluminación, no reposa en ninguna ideología, no tiene doctrina ni credo ni dogma formal y se muestra libre de todo pensamiento fijo como un camino realmente espiritual. El Zen no conoce dios ni culto, tampoco es posible de transmitir con palabras (sí es posible insinuar ciertos caminos de iluminación desde los Mondos, una especie de diálogos entre Maestro y discípulos, una herramienta del Zen que veremos en detalle más adelante).

En el inicio de este capítulo dejábamos ver que el Zen tiene una raíz netamente budista, ya que su finalidad no es otra que aquella que tuvo el Buda. También habíamos visto que el despertar del Buda es aquello a lo que se aspira con el camino del Zen. Aún así, y teniendo en cuenta que el Zen no está atado a estructuras ni dogmas, se convierte en un conocimiento libre que fluye y se adapta a los escenarios históricos. Fue así que se modificó (manteniendo igualmente su esencia inicial). En el camino el Zen fue adoptando elementos de tres idiosincrasias bien diferentes pero igual de ricas: tiene algo del misticismo de la India, lugar que lo vio nacer, el apego a la espiritualidad del taoísmo y otro tanto del pragmatismo del andar confucionista (ambos heredados de su paso por China) y, por último, otro mucho del estilo de vida propio del Japón.

Finalmente vemos que aún cuando el Zen tuvo nacimiento en una de las más antiguas tradiciones de la humanidad (el budismo), su mensaje, adaptado y alimentado por diversas culturas adquiere un significado universal. Esta especie de espíritu unificador que saltea barreras idiomáticas, políticas, religiosas, culturales, de raza, deja en claro que cualquier persona tiene el potencial necesario para lograr la iluminación. Es por esto mismo que (y aún más después de su occidentalización) que muchos entienden el Zen más que como una religión o una filosofía, como un estilo de vida. En los capítulos siguientes veremos cuánto hay de cierto en esta última afirmación.

Síntesis del Capítulo 2

- Uno de los elementos centrales del Zen es el despertar o satori, también conocido como verdadera libertad o suprema sabiduría, por ello se dice que el Zen es un camino de liberación.

- La enseñanza del Zen no parte de un compendio de conocimientos teóricos sino de una experiencia de vida, la del Buda, en la India del siglo VI a.C.

- El Zen no reposa en ninguna ideología, no tiene doctrina ni credo ni dogma formal y se muestra libre de todo pensamiento fijo. El Zen no conoce dios ni culto, tampoco es posible de transmitir con palabras.

- El Zen tiene algo del misticismo de la India, un apego a la espiritualidad del taoísmo y otro tanto del pragmático andar del confucionista (de su paso por China) y, por último, mucho del estilo de vida del Japón.

Capítulo 3

Zazen, el motor del Zen

El Zen tiene su modo de ser, su motor, su espíritu, en la práctica del Zazen, es por ello que dedicaremos este apartado para explicar en detalle en qué consiste "la práctica del Zazen" que en una primera mirada, liviana, proveniente de un iniciado, no sería más que esa típica postura del hombre sentado en posición de loto y dispuesto a la meditación. De alguna manera y muy sucintamente sí es eso y de ahí la expresión japonesa Zazen (za: sentarse, zen: meditación) que no significa otra cosa que "meditar sentado". Aún así el sentido es muchísimo más profundo y complejo.

El principal exponente en la enseñanza del Zazen no es otro que el monje Dogen, aquel de quien contamos en el capítulo 2 que estaba considerado como el iniciador de la práctica Zen en Japón. También dijimos en el mismo apartado que en ese país coexistían dos escuelas, y una de ellas era la escuela Soto Zazen liderada por el nombrado Dogen. Justamente esta escuela es la que se encargará a lo largo de la historia de difundir la práctica del Zazen. Al mismo tiempo la obra Shobogenzo, uno de los principales escritos de Dogen, es algo así como una guía fundacional para la práctica del Zazen.

Decíamos en un inicio que el Zazen está lejos de ser sólo una técnica de meditación y aún más lejos de considerarse sólo un ejercicio. Aún así es difícil cambiar la idea instalada por la repetida imagen del Buda sentado en posición de loto sobre un pequeño almohadón (que recibe el nombre en japonés de zafu). Sólo vemos un hombre tranquilo, casi sumido en un entresueño, con los párpados caídos, la espalda bien firme y recta, y las piernas cruzadas una sobre la otra.

¿Qué es el *zafú*?

A primera vista el *zafú* es un almohadón redondo con nada especial. Más profundamente analizado es uno de los objetos más altamente estimados en el Zen y nada más y nada menos que el asiento del Buda. Cuenta la tradición que el Buda Shakyamuni, el iniciador del Zen, se fabricó su propio *zafú* con hierbas secas, para poder así colocarse en la postura correcta de Zazen.

El *zafú* nunca debe ser sacudido, pateado, arrojado, ni maltratado. La ritualidad del Zen marca que cuando alguien decide practicar Zazen llega al recinto, saluda hacia el *zafú* con las palmas juntas a la altura del pecho (este procedimiento de recogimiento y reverencia es conocido como gassho), manifestando así respeto hacia el lugar, y se para delante de su *zafú* correspondiente. Seguidamente debe rodear el *zafú* por la izquierda y luego sentarse lo más relajadamente posible, sin apuros, sin lanzarse como quien llega de un día cansador y se deja caer en un sillón. El paso de la posición de parados a la posición de sentados sobre el *zafú* debe ser profundamente guiado. También es importante tener en cuenta la posición de sentado en el *zafú*. Deberíamos sentarnos justo en el centro del *zafú* ni demasiado a la izquierda ni demasiado a la derecha. Ni demasiado atrás ni demasiado adelante.

Una postura de yoga muy especial

Zazen es una postura de yoga, pero no cualquier postura de yoga, contrariamente deberíamos decir que es la postura de yoga más perfecta, la postura a la que conducen todas las demás posturas. Pero, ¿por qué es tan especial? Veamos, si bien la regulación de la respiración y la postura de la columna, piernas y manos son parte esencial del Zazen, se requiere una disposición que en un primer momento puede parecer compleja e irrealizable. Es necesaria una atención constante pero tranquila por parte del practicante. La primera acción, la de sentarse, lleva por nombre Shikantaza ("simplemente sentado"), pero a ello hay que sumarle un segundo elemento que recibe el nombre de moshotoku y que podría traducirse como "ausencia de intención".

¿Cómo es esto? Con el shikantaza se concentra la atención en la respiración, se busca un ritmo lento de respiración abdominal en el que la espiración es notablemente más prolongada que la inspiración, y el objeto último del moshotoku es liberarse de toda intencionalidad, no se piensa ni se deja de pensar, no se adhiere ni se rechaza, no se medita con ningún objeto, pensamiento o imagen. Se trata, simplemente, de estar sentado, de no anclarse en los pensamientos, de dejar que vengan y se vayan sin esfuerzo. Pero el secreto es que ambos procesos se den al mismo tiempo, la shikantaza junto al mushotoku dan como resultado una práctica que en el mismo momento en que se está llevando a cabo es enseñanza. En el Zazen el simple hecho de sentarse ya es un acto de armonía plena en busca de la iluminación. El Zazen es una experiencia de unidad antes que de dualidad y por este paradójico despojamiento activo que propone es, también, una especie de práctica de la no-práctica. Quienes practican el Zazen dicen que su práctica no es sino la vuelta a la condición normal del cuerpo y del espíritu.

Generalidades sobre la postura Zazen

Todos hemos visto alguna vez la clásica posición de loto del yoga, aquella que inmortalizó el Buda en su momento de iluminación. Pero aun cuando tengamos incorporada esa imagen restan unos cuantos detalles que escapan a una correcta postura de Zazen y que es preciso conocer:

- Las piernas deben estar cruzadas, en posición de loto o medio loto, con las rodillas tocando el suelo. Otra manera es practicarlo sentado de rodillas sobre los talones (esta postura se conoce con el nombre de Seiza)

- La espalda debe estar derecha, desde la pelvis hasta la nuca.

- La pelvis ligeramente inclinada hacia el frente y las lumbares ligeramente arqueadas.

- La nuca lo más erguida posible y el mentón como retrocediendo.

- Los hombros deben disponerse relajados.

- Las manos juntas en la falda, en el mudra de la sabiduría, y los dedos de la mano juntos, una mano sobre otra, y con los pulgares tocándose las puntas. La disposición correcta sería la mano izquierda sobre la mano derecha.

- La mirada apuntando a 45° delante de uno, ojos semi cerrados, pero la vista relajada, sin enfocar en lo que tengamos delante.

- La boca cerrada, las dos filas de dientes apenas tocándose y la lengua acariciando levemente el paladar detrás de los dientes.

(En el capítulo 8 ampliaremos esta información y será puesta en su contexto para apreciar de qué manera estas enseñanzas pueden ser fructíferas en el mundo de los negocios.)

Errores en la práctica de Zazen

Practicar Zazen no es una tarea sencilla. En su práctica nos están esperando muchas confusiones y trampas que nos pueden llevar a un falso Zazen con resultados igual de falseados. Dos son los estados que nada tienen que ver con aquel primigenio estado de vigilia del Buda que lo llevó hasta la iluminación, y esos estados tienen que ver al mismo tiempo con una excesiva relajación física (somnolencia) y con una excedida relajación mental (distracción). El primer estado lleva el nombre de Konchin y el segundo es nombrado como Sanran. Veamos cada uno en detalle y las formas de evitarlos.

El Konchin es un estado de relajación física y mental combinado con una febril actividad del inconsciente. Es un estado muy similar al sueño acompañado de una relajación casi completa del tono muscular. El Konchin se caracteriza por la falta de claridad, en este estado la vigilia se nubla y la conciencia pierde brillantez. Al mismo tiempo el cuerpo comienza a perder rigidez, firmeza, la cabeza suele caer hacia adelante y las manos cuelgan a ambos lados del cuerpo. Por último, lo acompaña una respiración mecánica y sin control. Quien quiera evitar caer en el nada fructífero estado de Konchin debería esforzarse para retomar una postura corporal correcta, esto es estirar la columna vertebral, fortalecer el tono muscular y luchar porque no se cierren los ojos.

Por su parte, el estado conocido como sanran en el Zen no es otra cosa que un estado de dispersión mental y distracción. Contrariamente al estado de Konchin, en este caso el sujeto tiene cada uno de sus músculos rígidos, tensos y, al mismo tiempo, no puede dominar la caudalosa y desordenada actividad mental. El sanran es el estado de aquél que durante la práctica del Zazen no pueden dejar de lado sus preocupaciones, actividades, recuerdos, proyectos. Así el sujeto se ve invadido por pensamientos, recuerdos, deseos en cantidad.

Si se observa detenidamente se verá que quien está en un estado de sanran, levanta la cabeza y tiene las manos tensas, rígidas. Una espiración larga, trabajada, suave, podría sacarnos de este estado. También ayuda a recuperar una postura correcta. Una buena técnica es concentrar todas las tensiones en una de las palmas de nuestra mano.

Síntesis del Capítulo 3

- El Zazen está lejos de ser sólo una técnica de meditación, y aún más lejos de considerarse únicamente un ejercicio.

- Zazen es una postura de yoga, pero no cualquier postura de yoga, contrariamente deberíamos decir que es la postura de yoga más perfecta, la postura a la que conducen todas las demás posturas.

Capítulo 4

La importancia de la experiencia directa en el mundo de los negocios

Dice una enseñanza Zen muy célebre: "antes de estudiar Zen, las montañas son montañas y los ríos son ríos; mientras estás estudiando Zen, las montañas ya no son montañas y los ríos ya no son ríos; pero una vez que alcanzas la iluminación las montañas son nuevamente montañas y los ríos nuevamente ríos".

La realidad sin dobleces: cambiar espejo por vidrio

Fue el Buda Shakyamani, figura iniciadora del Zen, quien desde la lejana y misteriosa India, más de quinientos años antes del nacimiento de la era cristiana, puso al hombre sobre aviso de la peligrosidad que conlleva perder el contacto con la realidad. Aquel líder fundacional advertía la nociva costumbre en el ser humano de confundir la imagen con la cosa real, la poco productiva insistencia humana por no hacer diferencias entre la definición de un objeto y el objeto mismo.

Decía aquél sabio que el hombre construye sus definiciones sobre la realidad de forma puramente intelectual, que aprende sobre el mundo de manera subjetiva por medio de la mente, del intelecto. Así lo que el hombre erróneamente llama realidad no es sino una construcción de la mente. Igualmente, Shakyamani llamaba a los hombres a vencer esta "falsa realidad" mediante el conocimiento del mundo a través de la experiencia directa. La idea era aprender de modo objetivo a través del contacto con el objeto por medio de los sentidos. Era un llamado a la visión del mundo, una propuesta opuesta a la interpretación del mundo. Un llamado a ver a través de un vidrio y no de un espejo.

Zen: una invitación a la experiencia directa

Que el espíritu Zen está regido por una inclinación a la experiencia directa contraria al conocimiento puro por el intelecto, no es solo una postura para diferenciarse de otras corrientes de espiritualidad. Mucho tiempo atrás, acorde con esta postura, Pai-chang, uno de los grandes Maestros Zen, regló con precisión la vida de los monasterios Zen con una serie de indicaciones que aún se mantienen hasta nuestros días. Esa reglamentación hacía foco sobre la importancia de que todos cuantos habitaban en el monasterio (desde monjes hasta los Maestros) mecharan la tarea meditativa con las labores diarias de aseo, ordenamiento de lugar, limpieza y trabajos manuales varios. La tradición Zen contiene una anécdota que resalta la idea de Pai-Chang sobre la importancia del trabajo físico y su relación con la espiritualidad:

Durante toda su vida el Maestro Pai-Chang defendió su lema que rezaba: "un día sin trabajo, un día sin comida". Tanto es así que cuando había llegado a anciano, sus discípulos, por piedad y al ver su ya castigado estado físico, decidieron esconderle las herramientas con las que se pasaba días completos trabajando duramente en el jardín. Lo hacían para cuidar su salud, pero contrariamente a lo que ellos esperaban, el anciano se negó a volver a comer hasta tanto no reaparecieran sus herramientas de jardinería. Pasados algunos días y temiendo que el Maestro se debilitara por su huelga de hambre, los discípulos le devolvieron las herramientas; fue cuando Pai-Chang dijo: "un día sin trabajo, un día sin comida". Y recién luego de reiniciar su trabajo en su jardín volvió a comer. Y es que el Zen busca concentrar los esfuerzos del hombre en el conocimiento a través del contacto con la realidad y no a través de las reacciones intelectuales o emocionales. El Zen no busca ser comprendido por el intelecto, y considera que el contacto intelectual con la realidad no es sino un conocimiento de segunda mano sobre ésta. El verdadero conocimiento del Zen llegará al hombre desconcertándolo, excitándolo, contrariándolo, de tal manera que la comprensión por la razón y las reacciones emocionales queden agotadas para dar paso a una nueva forma de conocimiento.

En los negocios, la única verdad es la realidad

Aunque se busquen respuestas intrincadas y sesudas, la mayor parte de los fracasos empresariales tienen una única y potente causa: la falta de experiencia real en el rubro en el que se intentó la aventura de negocios. Y digo "experiencia real" –aún cuando suene repetitivo–, para hacer hincapié en que lo que muchos llaman experiencia no es sino un vasto conocimiento teórico sobre un asunto. La única manera cierta de evaluar los peligros es transitándolos, aún cuando más no sea en simulacros "casi reales", pero, por supuesto, no existe nada más aleccionador que la realidad misma. Hacer negocios es como aprender a conducir, a tirar con arco y flecha o a escribir: solo es posible aprender con muchas horas de manejo en el tránsito, sintiendo la tensión de la cuerda antes de que salga disparada la flecha durante días y días, y escribiendo y escribiendo.

Quienes en el terreno de los negocios sufren lo que se da en llamar la "falta de experiencia" no están viviendo otra cosa que "la falta de realidad". "Te falta calle", diría un amigo para ser más gráfico. Aquel que toma decisiones desde la inexperiencia, seguramente fallará en muchísimas más ocasiones que aquél que lo hace desde aquello que alguna vez vivenció en la experiencia directa. Tomemos conciencia, entonces, de que el mejor modo de aminorar los riesgos en el mundo de los negocios no es otro que adentrarnos en terrenos que conocemos por la vivencia directa, por haber pasado por allí en más de una ocasión. Volviendo entonces a lo que pregona el Zen. se trataría de no aproximarnos a la realidad solamente desde la intelectualidad sino, y fundamentalmente, desde nuestras vivencias únicas, personales e intransferibles.

Experiencia directa 1

El poder de la empatía: ponerse en el lugar del otro

En el terreno de los negocios nos gusta ser tratados con consideración, buen tino y, si es posible, sensibilidad. Pero alguna vez nos preguntamos: ¿qué necesitan o qué esperan aquellos que entablan relaciones comerciales con nosotros? Si la respuesta es negativa seguramente los negocios deben tener más de una dificultad. Y es que la única manera de ser exitoso en ellos, de que nuestros productos o nuestros servicios sean bien recibidos, es darle al cliente aquello que desea, aquello que vino a buscar y no otra cosa, eso que nosotros imaginamos que necesita.

Aquí es donde deberíamos recurrir a la empatía, una habilidad personal congnitiva y afectiva que mejora notablemente nuestra conexión con el otro. Pero, ¿qué es esta tan codiciada empatía? Nada más ni nada menos que adquirir los conocimientos y la sensibilidad necesaria para ponernos en el lugar del otro. Y no estamos hablando de algo mágico, de un asunto de transmigración de almas de un sujeto a otro, ¡no!, nada más terrenal y humano que la empatía. Esta habilidad inherente al hombre (o sea que la tenemos y no la explotamos por ignorancia o por inoperancia) consiste en una actitud tan abierta que nos permite entender al otro, comprender las necesidades del otro.

Y qué mejor que la experiencia directa para trabajar la empatía. ¿Qué necesitan aquellos que viajan en auto grandes distancias? ¿Qué necesitan aquellos que tienen niños y van a comer a un restaurante? ¿Cómo el dueño de una mascota espera que tratemos a su animal? Preguntas sueltas y caprichosas que sólo tienen respuesta si pasamos por esa experiencia. Sólo la experiencia directa, el haber pasado por la misma situación que ahora debemos atender desde el otro lado, nos brindará la posibilidad real de darle al cliente aquello que realmente necesita y no otra cosa. Si no me creen pregúntense cómo nacieron los más grandes y exitosos inventos.

La realidad en acción es Zen

Aquí llega la pregunta que tal vez más nos atraviese para comprender esta característica de la propuesta del Zen: ¿cómo es posible tener contacto con la realidad sin que medie la razón?, ¿cómo es posible conocer sin que medie ninguna construcción mental entre nosotros y el objeto a conocer?

¿Qué es la acción? La acción es el contacto del sujeto con el objeto, del interior con el exterior. La práctica del Zen es justamente eso, asumir la realidad como una acción. El Zen sostiene que si en esa práctica, en esa acción, no dejamos entrar al pensamiento y tampoco damos lugar a los sentidos, no adoptaremos pre-concepciones y, por ende, nos libraremos de las discriminaciones. Sería como un contacto sin mediadores, sin filtros. Así, cada día de nuestra vida daremos por tierra con todo aquel mundo que nos hemos construido... y estaremos abiertos a conocer el mundo tal cual es, sin más.

Esta realidad sin preconceptos a la que nos invita a acercarnos el Zen, nos hace no estar en el antes ni en el después. El Zen invita a estar solamente en el ahora, en el instante mismo de la acción, porque hay una diferencia importante entre la idea que tenemos construida sobre una acción y la realidad que vivimos a través de nuestras acciones. ¿Y cómo se corporiza esta invitación en la práctica Zen?: pues a través de la ya mencionada práctica del Zazen. Lo que también el Zen llama la Vía Shikantaza, la sola acción de sentarse, en unidad de cuerpo y de espíritu, en el momento presente. Así nuestra acción se hace realidad con una única mirada: la nuestra sin construcciones. Y es que el Zen invita a sentir la vida en lugar de "sentir algo acerca de la vida". Pero a no equivocarse.... ¡el Zen no es sólo contemplación!

Experiencia directa 2

En los negocios: Hechos, no palabras

El Zen parece haber heredado mucho del Tao, sobre todo en lo referente a su desapego por el palabrerío. Incluso, más que ninguna otra escuela de la espiritualidad oriental, el Zen asegura que las palabras nunca pueden tomarse como prueba de verdad irrefutable. Volviendo al Tao, algo similar sostenía Chiang Tzu cuando decía eso de que "si alguien pregunta sobre el Tao y otro le responde, es que ninguno de ellos lo conoce".

Incluso, esta verdad queda reflejada en el modo que eligieron los distintos cultores del Zen para transmitir sus conocimientos. Sus secretos han sido transmitidos de Maestros a discípulos, por siglos, apoyándose poco y nada en los documentos escritos (de ahí que sea tan complejo rastrear una historia del Zen) y se podría decir aún más: la transmisión del Zen tampoco ha sido muy afecta a la oralidad, a las palabras habladas. Más bien apuntó desde siempre a una transmisión directa casi sin mediar palabras y actuando sobre la mente y la experiencia del discípulo.

Esta actitud es propia de la idiosincrasia japonesa que prefiere la intuición a la intelectualidad, y que gusta más de los hechos que de los comentarios de los hechos. Así, los Maestros Zen no sienten simpatía por la teorización y menos aún por la verborragia. El ejemplo más claro de esta elección es quizá la única "literatura zen" propia de la antigüedad, escritos que el Zen llama Mondos (o Koan al modo de transmitir enseñanzas mediante Mondos) y no son sino conversaciones cortas que se dan entre un Maestro y un discípulo, en las que el Maestro ante la consulta de un alumno cambia totalmente la perspectiva de una pregunta de su discípulo respondiéndole brevemente con una frase que, en un inicio, parece no tener mucho sentido pero que en definitiva busca cambiar la atención del discípulo de los pensamientos abstractos a la realidad palpable.

¡Gran lección para el mundo de los negocios donde abundan los sujetos de palabra fácil! Y tal vez no sea nuestro caso pero más vale estar atentos. Más de una vez veremos en acción a profesionales que parecen tener un dominio absoluto de alguna cuestión y llenan los silencios con una catarata de definiciones que sorprende y abruma. Pero, ¿no ocurre con esa misma gente que al rato ya parece que están repitiendo el discurso o que sólo están lanzando palabras sin sentido para esconder su ignorancia?

Para no pasar por uno de estos "habladores" deberíamos tomar como serio ejemplo al Zen. Sabido es que aquellos que hablan sin parar suelen incurrir mucho más seguido en errores que aquellos otros que miden cada una de sus palabras. O como dice el Tao: "el verdadero sabio ama el silencio". Además debemos tener en cuenta que la verborragia es una forma de esconder nuestros problemas de relación con el otro y denuncia, además, una cuota importante de inseguridad, aún cuando a primera vista puede dar una impresión totalmente contraria.

Y es que quien habla mucho suele causar una primera buena impresión y se convierte, al menos en el principio, en el centro de todas las miradas. Sin embargo el verborrágico suele indefectiblemente anular las posibilidades de intervención de su interlocutor, por lo que pronto todos a su alrededor comienzan a tomar distancia de él. Para sopesar con exactitud qué es más positivo si aquél que habla demasiado o quien se mide en sus palabras, deberíamos tener en cuenta una cuestión básica: la comunicación tiene su fortaleza en el intercambio y el verborrágico justamente impide ese intercambio. Será entonces cuestión de comprender, Zen mediante, la verdadera importancia del silencio como una herramienta que nos permite, no solo conocernos a nosotros mismos, sino que da lugar al otro para que se nos presente tal como es y ¡sin interrupciones!

Síntesis del Capítulo 4

- El espíritu Zen está regido por una inclinación a la experiencia directa contraria al conocimiento puro por el intelecto, El Zen considera que el contacto intelectual con la realidad es un conocimiento de segunda mano.

- Aunque se busquen respuestas intrincadas y sesudas, la mayor parte de los fracasos empresariales tienen una única y potente causa: la falta de experiencia real en el rubro en el que se intentó la aventura de negocios.

- La única manera cierta de evaluar los peligros es transitándolos.

- Quienes en el terreno de los negocios sufren lo que se da en llamar "falta de experiencia", no están viviendo otra cosa que "falta de realidad".

Capítulo 5

La formación experiencial como escuela del éxito

Decíamos que el Zen está fundado en la práctica, en una experiencia personal y directa de la realidad. Así es como se diferencia de todas aquellas formas de religión, espiritualidad y movimientos filosóficos que basan su experiencia en el conocimiento intelectual, o en el conocimiento emocional, o en ambos. Claro que esto no significa que el único camino valedero para llegar al conocimiento de la verdad, a la iluminación, sea el del Zen, pero sí es cierto que es un camino mucho más directo. Los movimientos filosóficos y religiosos no son sino discursos sobre la verdad, cuando lo que el Zen intenta es ponerse en contacto directo con la verdad misma, dejando de lado todos aquellos preconceptos que pudieran interponerse entre el sujeto que conoce y el objeto por conocer.

Advertíamos anteriormente que el Zen no es solo meditación y es esta característica la que lo diferencia de la escuela que le dio origen, el budismo hindú. Y es que el Zen adquirió esta característica y comenzó a dibujar su personalidad en su primer contacto con el mundo chino y su espíritu práctico y directo, lo que lo alejó definitivamente de la contemplación del budismo. Y fue Hui-neng (638-713, considerado el verdadero padre del Zen tal como hoy lo conocemos) quien impulsó esta posición. Veamos a continuación algunas de las enseñanzas Hui-neng en la que se deja ver esta postura de la que hablamos:

• "Es una equivocación creer que sentarse silenciosamente en contemplación sea esencial para la liberación. La verdad se abre por sí desde dentro y en nada tiene relación la práctica de la meditación (...) En el Chan (Zen en su denominación china), no hay nada que ganar, no hay nada que entender; ¿qué hacen todo el tiempo con las piernas cruzadas? (...)".

- "Detener la actividad de la mente, sentarse en silencio a meditar... ¡todo eso es un gran error! ¡Eso no es Zen! Poner el cuerpo bajo control, obligándose a estar sentado durante varias horas... ¿qué tiene eso que ver con la búsqueda de la verdad?".

- "Dejar la mente en blanco, no pensando en nada, forzando el cese de los pensamientos... esto es una tontería (...) Los pensamientos vienen y se van por su cuenta".

- "No se trata en absoluto de practicar la meditación o de buscar la iluminación. Es cuestión de mirar dentro de uno mismo, dentro de nuestra propia naturaleza (...) Cuando se entiende esto se comprende que no hay necesidad de disciplinarse en las cosas externas".

La mente de todos los días

Decíamos que el Zen busca llegar a la verdad mediante el contacto directo con la realidad y que acorde con ello no propicia la contemplación pura, la contemplación como única herramienta de camino hacia la iluminación. Entendiendo este mensaje, pronto se nos revelará como falsa aquella idea remanida y por demás errónea de que algo relacionado con la espiritualidad sólo servirá para alejarnos del mundo real y sus obligaciones. ¡Todo lo contrario! El camino que propone el Zen nos llama a una participación más que activa en el día a día, a un verdadero compromiso con aquello y aquellos que nos rodean. Y aún más: el Zen va más allá de sostener que a la iluminación se llega con el trabajo en la vida diaria, sosteniendo que el día a día es la iluminación misma. ¡Y es que el Zen se sorprende ante el misterio de la vida! Para ser aún más ilustrativos habría que tener en cuenta las palabras de uno de los más importantes maestros Zen, Ma.Tsu, quien alguna vez dijo que al Zen podía encontrárselo en "la mente de todos los días".

Decíamos también que el Zen busca que volvamos a ver la realidad tal como es: "la montaña como montaña, el río como un río", dicen los Maestros Zen. Y es que el Zen busca llegar al ideal de vivir el día a día de forma natural y espontánea. Para ser aún más gráficos, el Maestro Po-Chang decía para definir al Zen: "cuando tengo hambre, como; cuando estoy cansado, duermo". Claro que así planteado parecería algo no demasiado complicado, simple y evidente, ¡después de todo se supone que el Zen nos pide que nos transformemos en aquello que alguna vez fuimos! Pero lo que el Zen nos propone no es nada sencillo. Ya veremos, si lo ponemos en práctica, que recobrar nuestra propia naturaleza original requiere de esfuerzo y de un arduo trabajo espiritual.

La importancia de la formación experiencial en el mundo de los negocios

Hablábamos al inicio de este capítulo de la importancia troncal que el Zen le atribuye a la experiencia directa para recorrer el camino correcto del conocimiento. En coincidencia con esta enseñanza milenaria, de un tiempo a esta parte las organizaciones empresariales cayeron en la cuenta de lo productivo de la formación experiencial. ¿Pero qué es exactamente la formación experiencial? En esencia no es otra cosa que darle la importancia que se merece a la experiencia directa en el proceso de aprendizaje de una cuestión en particular.

¿Y cómo se las ingenian las corporaciones para hacer realidad esta formación experiencial entre sus empleados?: Mediante simulaciones, mediante la reproducción casi lúdica (pero no inocente) de situaciones reales. A través de metáforas, alegorías, insertas en medio de un plan de actividades formativas.

En principio, para entender aún más claramente la idea de la formación experiencial, deberíamos saber que estas actividades-recreaciones-reproducciones de las que hablamos responden o se organizan en base a objetivos concretos que tienen las organizaciones. Apuntan a una formación concreta para salir en auxilio de una necesidad real de la organización y podría ser ésta la mejora en la comunicación, el desarrollo de un estilo de liderazgo compartido, la formación de equipos de trabajos, la integración de poblaciones de empleados provenientes de realidades diferentes y muchos etcéteras.

También deberíamos saber, para tener una visión más completa de lo que significa la formación experiencial, que en este proceso es necesaria la intervención de guías o "facilitadores" para que los aprendices lleguen a buen puerto. Estos guías o facilitadores son, en principio, quienes se encargan de diseñar las jornadas de aprendizaje, quienes se ocupan de escoger las mejores formas para reproducir esa realidad que se necesita "poner en escena" y los ejercicios de simulación más apropiados para llegar a los objetivos propuestos.

Volver al origen: lo lúdico en la formación experiencial

Decíamos que el Zen proponía la nada fácil empresa de volver a la naturalidad, al origen, a nuestra forma primigenia de ver las cosas, una forma no contaminada, virgen de preconceptos. Del mismo modo la formación experiencial se basa, en gran medida, en resucitar aquella capacidad que todas las personas tienen en la más temprana edad, de aprender mediante la experiencia directa. ¿Cómo es sino mediante la experiencia directa que los niños maduran y crecen? Cuando aún no ha desarrollado su capacidad de intelectualizar las cosas, el niño aprende a través de aquello que va experimentando. Y todos somos conscientes de la fuerza con que quedan arraigadas aquellas cosas que aprendemos en nuestra niñez. Claro que con los años, los hombres vamos dándole menos valor a la experiencia directa y tendemos a intelectualizar muchísimo más los procesos de aprendizaje.

¿Y cómo es la metodología de la formación experiencial? Como ya hemos dicho, se plantean objetivos, conocimientos concretos a los que se quiere inducir a los empleados, y a continuación se reproducen situaciones imitando la vida real, con simulaciones y actividades varias. Como decíamos, se invita a jugar a los aprendices. Y justamente la fuerza del aprendizaje radica en el impacto que esa simulación de vivencia produce en el aprendiz. Luego del impacto ante el simulacro de situación real, se analiza aquello que se vivenció y posteriormente se conceptualiza. Quienes forman parte de un proceso de formación experiencial exploran así los parecidos entre aquello que vivenciaron en el simulacro y lo que realmente les ocurre en la vida real. Claro que el objetivo final es integrar esto que fue vivenciado y transformarlo en una herramienta para responder a situaciones reales y futuras.

Experiencia directa 3

Espiritualidad y negocios: Zen para potenciar el trabajo en equipo

El trabajo en equipo es una temática que resulta de vital importancia para aquellos que están al frente de grandes organizaciones o para quienes se encuentran insertos en un numeroso grupo de trabajo. Las milenarias enseñanzas del Zen también son aplicables a esta cuestión trascendental en el mundo de los negocios. Por ello, sería acertado recurrir a algunos preceptos de base relacionados con el Zen que nos serán de gran ayuda para potenciar los equipos de trabajo.

El primero de los preceptos de las escuelas budistas al cual debemos echar mano para aplicar al trabajo en equipo es aquel principio general que sostiene que las cosas por separado sólo existen cuando están en relación con otras. El Zen para transitar el camino de esta enseñanza hace uso del funcionamiento del cuerpo humano y refuerza la idea de la necesidad de la cooperación y la solidaridad. Hacer diferencias entre las distintas partes de nuestro cuerpo, dice el Zen, es caer en un error de proporciones y para afirmar tal cuestión las enseñanzas Zen recuerdan algo que por conocido no deja de ser trascendente: si uno de nuestros órganos falla y desatendemos la cuestión, asistiremos con el tiempo a un efecto dominó que hará mella en todo nuestro organismo. Y es que como también sabemos, nuestro cuerpo funciona como una máquina, como lo hacen los engranajes de un reloj a cuerda o como puede hacerlo el motor de un auto, que pueden detenerse porque una sola de sus partes no funcione correctamente.

Pero, como suele ocurrir, el Zen no se queda en esta primera superficialidad (no por ello menos importante) de la necesaria solidaridad de las partes de un todo. El Zen va un poco más allá y considera a nuestro propio cuerpo como un todo en conjunción con el universo. Así no solo deberíamos ser solidarios con cada una de nuestras cuestiones sino con las necesidades de todos los demás (y esto incluye a toda la naturaleza que nos rodea). Pero que no parezca esto una trillada alegoría para aleccionarnos, el Zen le da a la cuestión una dimensión más completa. Así como nosotros debemos ser solidarios con los demás, dice el Zen, nuestro sufrimiento no es sólo un sufrimiento personal sino que en el momento en que uno está abatido por algo está al mismo tiempo penando por el sufrimiento de los demás. Así llegamos a la instancia de iluminación a la que quiere llevarnos el Zen con estas lecciones: si nos comprendemos hermanados en el sufrimiento con el resto de la humanidad, desearemos el mismo alivio para nuestros pesares que para los pesares de los demás. Esta toma de conciencia nos llevará sin escalas a sentir al otro como a uno mismo y a desear para el otro, todo cuanto deseamos para nosotros. Así, cada vez que emprendamos una tarea comprenderemos lo trascendente de nuestro papel en el todo y no tomaremos nuestro accionar como una aventura individualista y egoísta.

Volvamos entonces al terreno de los negocios. Ya comienza a vislumbrase cuántos de los elementos que aporta el Zen pueden ser de suma utilidad para aplicar al buen funcionamiento de los equipos de trabajo. Solo es cuestión de tener presente las enseñanzas ya vistas y poner atentamente el ojo en los casos de organizaciones que intentan promover el trabajo en equipo y cuáles son las herramientas que utilizan para llegar a buen puerto. Por lo pronto, es más que evidente que aquellas organizaciones que promueven el trabajo en equipo traducen sus resultados en beneficios tanto para quienes están al frente del grupo como para aquellos que forman parte del equipo de trabajo.

Entre tantas generalidades que deberíamos tener en cuenta (siempre con un ojo puesto en las enseñanzas del Zen y otro en el terreno de los negocios) una de las primeras cuestiones a la que debemos darle importancia es que para trabajar en equipo es preciso, como medida inicial, establecer reglas claras de convivencia con las que cada integrante del equipo debe comprometerse. En un inicio este establecimiento de reglas en común puede resultar trabajoso y hasta puede hacer salir a la superficie los primeros cortocircuitos. Aún así con el tiempo las reglas se volverán más naturales y, de esta manera, no sólo cada integrante sabrá cómo actuar sino que al mismo tiempo podrá predecir el comportamiento (reglado) de los demás integrantes. Volviendo a la idea madre del Zen que hace hincapié en la igualdad del individuo con el todo, podemos decir que estas reglas preestablecidas regularán el actuar de cada uno de los integrantes del equipo como individuo, al mismo tiempo que velará por el funcionamiento del actuar del grupo como un todo. Claro que no solo será una cuestión de compartir reglas (esto daría como resultado un esquema rígido y asfixiante). Además, se trata en el equipo de trabajo de compartir valores, actitudes, diversidades y aprender de ellas.

Cuando recordábamos las enseñanzas del Zen decíamos que nuestro penar es una especie de penar solidario con el sufrimiento del resto de la humanidad. De alguna manera, el trabajo en equipo también hace más liviana la presión que caería sobre cada uno de nosotros, en la soledad de nuestra individualidad, para enfrentar un desafío. Quienes forman parte de un equipo de trabajo pueden compartir haciendo más llevadera la presión que provocan las responsabilidades laborales y la exigencia que se plantea para llegar a un objetivo determinado en un tiempo también preestablecido. Al mismo tiempo, desde cada una de nuestras individualidades se influye en los demás y se es influido por el resto de los componentes del equipo. También en los equipos de trabajo se arriba a decisiones que son fruto del consenso y, por lo tanto, más dócilmente aceptadas.

Finalmente, podríamos decir que para aquellas organizaciones que promueven cuidadosamente el trabajo en equipo sólo les espera un aumento considerable de la efectividad en la consecución de sus objetivos, ya que el trabajo en equipo bien entendido fortalece el espíritu colectivo y al mismo tiempo el compromiso con la organización (o como sostiene el Zen un compromiso con ese todo mayor). También del trabajo en equipo surgirán nuevas formas de hacer frente a las problemáticas más variadas y se logrará una diversidad más rica de miradas sobre un mismo asunto.

Claro que todo trabajo en equipo debe asumirse con tanto o más cuidado que nuestras aventuras individuales. El trabajo en equipo mal entendido puede ser tanto o más perjudicial que las actitudes más egoístas e individualistas. Uno de los problemas más comunes es que la responsabilidad se pierda en el grupo con la famosa idea de que "todos somos culpables", cuando en realidad se está sosteniendo con esta posición que por lo tanto "nadie es culpable". Otra de las problemáticas más recurrentes es la del integrante que por características psicológicas propias y por inacción del resto del grupo, se convierte en dominador absoluto de las decisiones de éste, frente a lo cual los demás no hacen más que asentir. Una buena cura para este último tipo de situaciones es la de formar grupos cuyos miembros sean potencialmente colaboradores (de alguna manera que sean propicios a esta enseñanza de la solidaridad que nos deja el Zen) y al mismo tiempo miembros que se complementen en su forma de ser y en sus aportes.

Síntesis del Capítulo 5

- El Zen intenta ponerse en contacto directo con la verdad misma, dejando de lado todos aquellos preconceptos que pudieran interponerse entre el sujeto que conoce y el objeto por conocer.

- El Zen va más allá de sostener que a la iluminación se llega con el trabajo en la vida diaria, afirmando que el día a día es la iluminación misma.

- La formación experiencial, en esencia, no es otra cosa que darle la importancia que se merece a la experiencia directa en el proceso de aprendizaje de una cuestión en particular.

- Estas actividades-recreaciones-reproducciones de las que hablamos responden o se organizan en base a objetivos concretos que tienen las organizaciones. Apuntan a una formación concreta para salir en auxilio de una necesidad real de la organización.

- La formación experiencial se basa, en gran medida, en resucitar aquella capacidad que todas las personas tienen en la más temprana edad de aprender mediante la experiencia directa.

- La fuerza del aprendizaje radica en el impacto que esa simulación de vivencia produce en el aprendiz. Luego del impacto ante el simulacro de situación real, se analiza aquello que se vivenció y, posteriormente, se conceptualiza. El objetivo final es integrar esto que fue vivenciado y transformarlo en una herramienta para responder a situaciones reales y futuras.

Capítulo 6

Prueba y error (la crisis como oportunidad de aprendizaje)

Existe un dicho harto conocido, pero no por ello menos útil, que invita a "hacer del limón limonada", lo que no significa otra cosa que sacar de aquel trago por demás ácido que tal vez nos tiene preparado el destino, una experiencia dulce y refrescante. Sobre algo muy similar nos viene a aleccionar el *kesa*, la vestimenta tradicional de aquellos que practican el budismo.

Claro que a simple vista el *kesa* parecería un elemento superficial del budismo, y de cierto modo no hay nada más superficial que la vestimenta, pero aún así, el *kesa* está muy lejos de ser solamente el ropaje, el atuendo de aquellos que practican el budismo. Y es que sin temor a caer en la exageración se podría decir del *kesa* que su significado y simbolismo es tan trascendental y potente que podría considerarse el estandarte más alto e inequívoco del budismo todo.

En principio el *kesa* es tradición porque esconde una historia tan antigua y profunda como el mismo budismo, ya que acompaña el camino espiritual de los monjes desde más de 2.500 años atrás. Los primeros practicantes del budismo, los monjes de India, ya vestían en sus inicios un atuendo blanco (conocido con el nombre de saguí) y por sobre esta ropa se colocaban lo que se dio en llamar *kesa*. Pero claro que no solo es una cuestión de tradición y arraigamiento, el *kesa* da significado real, materializa la alegoría de la transformación de lo malo en bueno.

Pero, ¿cómo es esto de que el *kesa* es una alegoría tangible del pasaje de lo malo a lo bueno? Para responder a esa cuestión deberíamos ahondar en el origen de esta vestimenta tan asociada a los monjes budistas. Yendo entonces al terreno de la tradición oral, ésta cuenta que un discípulo del primer Buda, Shakyamuni, le preguntó por la vestimenta que debía usar para dedicarse al camino de espiritualidad budista, a lo que el Buda le respondió: "nuestro atuendo debe estar hecho de retazos de las telas más despreciadas, es desde nuestra vestimenta que debemos asociarnos con los indigentes, por ello debemos vestirnos con lo más abandonado y humilde que encontremos". Siguiendo las indicaciones del primer Buda, para realizar los primeros *kesa* se utilizaron retazos de telas recogidas de pilas de desechos. Podían ser tanto telas que alguna vez vistieron a gente de la nobleza pero que ya para nada servían, así como telas que habían servido para situaciones tan poco higiénicas como la regla de las mujeres, envolver difuntos o como pañales para bebés. Telas todas que habían cumplido su función y que solo tenían destino de carroña para fundirse con otros desechos, telas que nadie quiere por ser indignas y contaminadas.

Y ¿cómo es que este conjunto de desechos se convierte finalmente en la vestimenta de un monje? Bueno, para ello pasa por un proceso de reutilización. Todas las telas que fueron levantadas de las montañas de basura, como primera medida se lavan, luego vendrá el proceso de teñido hasta que todo el conjunto adquiera una tonalidad similar. El paso siguiente es coserlas entre sí hasta tener como resultado una gran tela, una especie de sábana de dimensiones importantes. Vale detenerse en este detalle por lo simbólico del asunto: el tamaño de esta tela hecha de la suma de muchos retazos representa la infinitud del universo, pudiendo leerse en algunas enseñanzas Zen que un verdadero *kesa* no debería tener esquinas, no ser redondo ni ser cuadrado. Volviendo al procedimiento de confección, puede decirse que luego de ser lavada, teñida y cosida, ya la tela adquirió su rango de *kesa*.

Decíamos que el *kesa* era una "alegoría tangible" y es efectivamente así porque con este proceso de reciclado (término tan en boga con la conciencia ecológica del siglo XXI), se ve de forma inconfundible la enseñanza que el Zen intenta dejar en nuestro accionar. El *kesa*, que nace del reciclado de telas de descarte, de harapos por los que ya nadie se preocupa, se convierte en la vestimenta de un respetado monje. Esto no es otra cosa que la trabajosa misión de tomar lo más putrefacto que anida en nuestro interior (el odio, la avaricia, la codicia, el egoísmo) y transformarlo en algo bello, fructífero, enaltecido, noble. Al mismo tiempo, el proceso de transformación que lleva al nacimiento del *kesa* nos está diciendo que de allí donde no hay nada que parezca ser útil, aún de allí, es posible hacer algo dignamente utilizable.

Otra lectura que los mismos monjes budistas le dan al *kesa* es que una vestimenta humilde y realizada con lo más descartado de toda la carroña, para nada puede atraer la codicia y la envidia de aquellos que siempre quieren tener lo que el otro posee. Pero aún más importante es tener en cuenta que el *kesa* simboliza la transmisión de la enseñanza Zen del Maestro al discípulo. Y es que la tradición budista sostiene que el primer buda Shakyamuni legó su *kesa* a su discípulo Mahakahyapa y así hasta nuestros tiempos fue pasando de Maestro a discípulo. De esta manera, el budismo señala que el *kesa* sólo puede ser delegado de un Maestro a otro que ya haya adquirido el rol de Maestro, para nada tiene sentido confeccionarse un *kesa* propio: el atuendo pierde sentido si no se recibe de la mano de un verdadero Maestro. Esta tradición también nos viene a decir que el *kesa* tiene una importancia superior a todo, tanto es así que sobrevive a su dueño, porque en realidad no pertenece a nadie. Por último, están quienes dicen que es tanta la importancia del *kesa* dentro del budismo que quien comprenda su significado habrá comprendido el significado del Zen.

La crisis traducida en oportunidad

Pero ¿cómo es que esta ejemplificadora alegoría del *kesa* puede rendir sus frutos en la práctica diaria del trajinado mundo de los negocios? ¿Es que se trata de ir vestidos con harapos y así sorprender a nuestros clientes? Como mínimo nos mirarán extrañados e incluso puede ser un buen golpe de efecto, pero parece que esa no es la cuestión. Más bien se trataría de hacer de nuestros contratiempos en el mundo de los negocios, de aquellas situaciones que parecen no ir para ningún lado, una herramienta de crecimiento profesional y de superación.

Se trata entonces y en principio, de prestar atención a los contratiempos, a los errores, a aquello que a simple vista sólo parece un tremendo dolor de cabeza. Y es que todo el mundo tiene en claro que el éxito de una gestión comercial es fruto directo de las decisiones acertadas, pero no son tantos los que toman conciencia de que para llegar a esas decisiones acertadas primero tuvieron que andar un camino de decisiones equivocadas. Y es que de nada se aprende más que del error. Volviendo a la cuestión del *kesa* y su existencia ejemplificadora, el mensaje sería que no hay manera de observar la luz sino es desde la oscuridad, no hay modo de apreciar la belleza si no en contraste con la fealdad. Sólo tomando verdadera conciencia de esta ecuación comprenderemos lo positivo y fructífero de una crisis. Como primer paso, entonces, deberíamos entender que la crisis no sólo debería verse como la llegada de los problemas sino que, también, debería alimentar nuestras esperanzas de una oportunidad que nacerá de la exigencia y del desafío del momento, y que ampliará el campo de nuestra aburguesada creatividad.

Tampoco es casualidad que una civilización milenaria como la china representara a la palabra crisis con un símbolo dual, que significa al mismo tiempo el peligro y la oportunidad. Pero, vayamos hasta el principio: ¿qué entendemos por crisis? Sí, es una situación que llega para afectar la estabilidad de una organización, que tal vez es consecuencia de un suceso extraordinario o por qué no, es el fruto de una larga seguidilla de sucesos. Y lo cierto es que es un suceso poco esperado, por lo que difícilmente nos encuentre aguardando su llegada.

La llegada de una crisis está asociada con el esfuerzo. Cuando ésta se hace presente es momento de arremangarse, de exigirse al máximo, de dar verdaderas muestras de convicción en los valores que hasta el momento sólo defendíamos de palabra. Con la crisis entra en juego la creatividad y el poder de adaptación y, también, es tiempo de (voluntaria o involuntariamente) dejar al descubierto la verdadera personalidad. Además, en esta etapa es clave la integridad y la confianza reinante en el equipo de trabajo o entre los socios, ya que para detectar las causas internas o externas que provocaron la crisis es necesario un clima propicio que permita compartir fortalezas y debilidades sin personalizar las culpas.

Hacer un sesudo análisis de las causas que nos llevaron hasta la crisis es un bien signo para comenzar a desandar el camino de la desgracia. Es importante hacer un detenido análisis del fracaso para descubrir las verdaderas causas que nos llevaron a la crisis, y así en el futuro evitar tropezar nuevamente con el mismo escollo. Quienes conocen el sacrificado camino hacia el éxito suelen decir que "el triunfo de la noche a la mañana lleva 20 años". Y es que lo que en negocios se llama "margen de error" si bien costoso y nada bienvenido, con el tiempo se traduce en un activo, más precisamente en experiencia. En negocios, estos errores que a la larga juegan a nuestro favor, también se suelen conocer con el nombre de *growins pains* o dolores de crecimiento.

Las crisis son positivas porque nos muestran tal cual somos (para bien o para mal) y también porque nos someten a una exposición que de otra manera sería imposible tener. Si una organización puede dar muestras de agilidad en los reflejos y profesionalidad para dar vuelta una situación desfavorable, en una circunstancia de tanta exposición, no sólo habrá atenuado la imagen negativa del público, sino que además podrá hacer uso de una especie de publicidad gratis para dar a conocer su mensaje, su producto. Miren entonces todo lo que hemos logrado solo con (y como alguna vez hizo aquel Buda) ¡meter un poco de mano en la basura!

Síntesis del Capítulo 6

- El *kesa* es una "alegoría tangible" de la transformación de lo malo en bueno: nace del reciclado de telas de descarte y se convierte en la vestimenta de un respetado monje. Es la trabajosa misión de tomar lo más putrefacto que anida en nuestro interior y transformarlo en algo bello, fructífero, enaltecido, noble.

- Todo el mundo tiene en claro que el éxito de una gestión comercial es fruto directo de las decisiones acertadas, pero no son tantos los que toman conciencia de que para llegar a esas decisiones acertadas primero tuvieron que andar un camino de decisiones equivocadas. Y es que de nada se aprende más que del error.

- Con la crisis entra en juego la creatividad y el poder de adaptación. También es tiempo de (voluntaria o involuntariamente) dejar al descubierto la verdadera personalidad.

Capítulo 7

Saber elegir: paso fundacional hacia el éxito

"Manteniendo las manos cerradas, sólo conseguirás unos pocos granos de arena. Pero si abres las manos, conseguirás toda la arena del desierto".

Dogen Rigen

"Desapego y desprendimiento" son términos que para un libro de negocios pueden resultar, por lo menos, algo intimidantes. Aún así, transitar el camino hasta lograr estos loables rasgos de carácter (en cierta forma *demodé* por estos días que corren), puede depararnos resultados más que satisfactorios. Incluso, el desapego y el desprendimiento pueden adquirir otro significado totalmente renovado a la luz de la mirada del Zen. En principio deberíamos sacarnos completamente de la cabeza aquella idea de que el desprendimiento y desapego están asociados con la fantasía de huir de toda civilización. No se trata de que uno deba irse a la montaña más elevada y solitaria para escapar de la toxicidad de las relaciones humanas y de la sociedad toda. Para el Zen, el desapego y el desprendimiento es prácticamente todo lo contrario a esta actitud a la que el Zen vería como una elección egoísta. Si hay algo que el Zen no propicia es la evasión del mundo real: desapegarse y desprenderse es pensar en los demás.

Ya hemos dedicado gran parte de libro a contar como uno de los objetivos más encumbrados del Zen pasa por lograr una mirada prístina del mundo, ya que intenta recorrer el camino que nos lleve a ver el mundo tal como es, sin intermediación de nuestros preconceptos, y con una mirada despojada de toda intelectualidad. El Zen hace del desprendimiento y el desapego sus máximas pero con finalidades bien distintas a las que podemos asignarles en la modernidad. Esta actitud que busca es una que tienda al no pensamiento, "a la no mente", dicen los Maestros Zen. Y es aquí donde tenemos una nueva relectura de los términos "desprendimiento y desapego". Esta actitud de no intelectualizar la mirada del mundo, es una forma profundísima y evidente de desapego y desprendimiento.

También nos hemos ocupado de reflejar cómo el Zen propicia la aceptación de las situaciones conflictivas para, luego de un trabajoso proceso, transformarlas en situaciones que nos favorezcan y fortalezcan en sabiduría. Así el Zen entiende que el verdadero desapego es también aceptar las situaciones contrarias a nuestros deseos, aquellas que nos plantea la vida tal cual como vienen, sin caer en el desánimo y la desesperanza. El Zen llama a tomar las situaciones que nos presenta la vida de manera más natural, lejos de la mortificación y el desencanto.

En el sentido más literal, también nos habla del desprendimiento y el desapego como actitudes que nos invitan a dejar de lado el ansia de consumismo incontrolable e irracional que nos propone la sociedad moderna. Ya el filósofo indio y fundador del budismo Gautama Buda, había apuntado sabiamente que el origen del sufrimiento humano estaba en el deseo irrefrenable de poseer y en la frustración que conlleva la imposibilidad de alcanzar todo aquello que deseamos.

Más tradicionalmente existen dos costumbres asociadas a la práctica del Zen que de alguna manera funcionan como simbolismos inequívocos del desprendimiento y el desapego. Por un lado tenemos la milenaria tradición de los monjes budistas que elegían afeitarse su cabeza. Y no es que tener una calva brillante e impoluta sea condición para ser monje budista. Este gesto más bien estético, es una alegoría para decir que el cabello es un accesorio del cuerpo y no un accesorio cualquiera. El cabello es aquel que más delata el paso del tiempo, y allí están las sienes plateadas para corroborarlo o las peladas incipientes como evidencia. Al mismo tiempo es sabido que el cabello crece aún contra nuestro querer (y aún después de muerto el cuerpo sigue generando cabello) por eso es que los monjes Zen deciden afeitarse la cabellera como una señal inequívoca de que no esperan nada del mundo, y que para nada están pendientes del paso del tiempo. Esta actitud de desprendimiento la tuvo por primera vez el iniciador del budismo cuando decidió comenzar a andar su camino de iluminación. Aquel monje decidió simbolizar su profunda decisión afeitándose la cabellera y así lo tomaron como tradición otros tantísimos monjes.

La otra costumbre asociada al Zen es la que tiene que ver con una saludable alimentación. Esto no tiene que ver exactamente con convertirse en vegetariano sino, más bien, en encontrar aquellos alimentos que mejor hacen a nuestro organismo.

El desaprendizaje: un camino inverso para triunfar

Muy bonito todo, ¿no?, muy edificante, pero ¿cómo nos roza a nosotros que queremos ser mejores en el mundo de los negocios? ¿Tal vez nos estará diciendo el Zen que nuestros negocios andarán mejor si un día amanecemos con la cabeza rapada y lustrosa? ¿Es que mejorarán nuestras finanzas si ordenamos nuestros hábitos alimenticios? No, nada de todo esto ocurrirá así. Ya que en ese caso sería una solución demasiado sencilla y veríamos los centros de finanzas plagados de pelados que cuidan su figura. Si decidimos mejorar nuestra alimentación y raparnos la cabellera, a lo sumo daremos un aspecto de persona *cool*, desprejuiciada y saludable. Mejorará nuestra imagen pero por lo pronto no mucho más. ¿Entonces qué?

Sin embargo, muchas son las temáticas de negocios para las que estas enseñanzas del Zen sobre el desprendimiento y el desapego pueden resultar fructíferas. Como hombres de negocios insertos en la modernidad seguramente estaremos expuestos a una abrumadora oferta de capacitación y, al mismo tiempo, como resultado directo del avance intimidante de las nuevas tecnologías de la comunicación es que tenemos toda la información al alcance de la mano (más exactamente al alcance de un dedo índice y con solo un "click" en el *mouse* de nuestra PC). Ante este escenario, ¿de qué nos pueden servir el desapego y el desprendimiento? ¿Qué tal plantearnos una actitud de "desaprendizaje"? Tal vez pronto descubramos lo equivocado de la idea instalada que dice que cuanta más información y conocimiento acumulado es mejor. Tal vez desprendernos de ese cúmulo de información que cada tanto nos pesa como un piano de cola sobre la espalda, sea un buen inicio para el aprendizaje, desde paradójicamente una actitud de "desaprendizaje".

Analicemos todo el escenario: somos hombres de negocios, nuestros datos están en manos de muchas más personas de las que imaginamos. Nuestro perfil de hombre de negocios, moderno, actualizado a disposición de aquellos que ofrecen servicios de capacitación, hará que nos lluevan ofertas de cursos, congresos, seminarios. A todo hora, todo el tiempo, en todo momento. Y por supuesto que esta oferta de capacitación superará largamente nuestro tiempo disponible para la formación. Aún así, empujados por una ficticia obligación del mercado que nos embarca en una competitividad abrumadora, seguramente diremos que sí a más ofertas de las que nuestra apretada agenda puede sumar. Aún más, diremos que sí aun a aquello que nunca utilizaremos. Es entonces cuando es importante saber decir que no a la mayoría de estas ofertas de capacitación, que en nada nos serán de utilidad y, al mismo tiempo, saber cuándo decir que sí a aquellos cursos, charlas, seminarios que sí serán de valor en un futuro. Estábamos dilucidando en qué forma puede resultarnos positiva una actitud de desprendimiento y desapego en el mundo de los negocios ¡Y vaya si decir que *no* es una forma evidente de ejercer el desprendimiento! Esta lección también sirve si tenemos personal a cargo, ya que sólo deberíamos embarcar a nuestros empleados en capacitaciones que realmente sean significativas para la función que cada uno de ellos cumple. La capacitación del personal no debe convertirse en una actividad decorativa que busque llenar el tiempo de los empleados. De ser así estaremos malgastando recursos, dinero, tiempo y la fuerza de éstos, y a la larga las capacitaciones se convertirán más en una carga que en una oportunidad de crecimiento.

Decíamos también que la sociedad moderna nos abruma con información. Del mismo modo que la capacitación, no toda la información es de utilidad ni para nuestro provecho. Ante la catarata de información que nos propone la sociedad moderna, donde también entra en acción, para nuestro beneficio, una actitud de desprendimiento. Somos blanco de una andanada informativa casi violenta, la información nos llega a raudales, en su gran mayoría sin filtrar, sin un trabajo previo que lo clasifique por importancia, valor, utilidad. Darle valor a algunas informaciones y desechar otras será, en principio, nuestro trabajo. También deberíamos tener en claro que la información por sí sola no es traducible en conocimiento, sino que la información pasa a ser conocimiento recién cuando podemos incorporarla a nuestra realidad y darle un verdadero sentido para nosotros. Para un buen aprovechamiento del caudal de información hay que poner en práctica la actitud de ir dejando detrás de nosotros toda aquella información-lastre que para nada nos ayudará en la consecución de nuestros objetivos y, por otro lado, trabajar a conciencia aquella información que suponemos sumará a nuestro trabajo. Varios párrafos atrás decíamos que la filosofía Zen desde su tradición invitaba a una vida saludable, invitaba a encontrar los mejores alimentos para nuestro organismo, los alimentos que nuestro cuerpo necesita. El sabio consumo de información debería ser planteado de la misma manera, ya que también con ella podemos indigestarnos.

Moshotoku, Hishiryo y Shikantaza, términos para tener presentes

Siguiendo con la invitación al desapego y el desprendimiento que nos hace el Zen, deberíamos cambiar nuestra actitud tan humana de esperar demasiado de los demás y, también, de poner demasiadas expectativas en el futuro. Algo así como apaciguar nuestras expectativas desmedidas. No es muy saludable estar esperando todo el tiempo que la diosa fortuna nos haga un guiño (y menos aún, claro, si no le damos un empujón de aliento) y tampoco es muy recomendable apoyar todas nuestras expectativas en el otro. Y es que el mundo de los negocios es (como mínimo) una situación en donde interactúan dos partes. Como primera medida deberíamos hacer nuestra parte sin esperar nada del otro. Así, en cuanto llegue la respuesta, ésta será más grata y sorprendente. Si, en cambio, ponemos demasiado de nuestro esfuerzo intelectual y sentimental en aquello que el otro nos puede dar, puede que caigamos en una profunda desilusión, porque siempre nuestras expectativas serán más altas que lo que la realidad misma tiene para proponernos. Volviendo al Zen, es en todos estos puntos y especialmente en este último aspecto, en donde bien vale tener en cuenta términos de esta sabiduría milenaria como *Moshotoku*, *Hishiryo* y *Shikantaza*, todos ellos parte de la esencia del Zen.

Comencemos entonces por Moshotoku, un término japonés que se cuenta entre los principios fundamentales del Zen y que podría traducirse como "ningún provecho". Este principio fundacional nos invita a dar sin esperar recibir nada a cambio. Así, el discípulo que intente transitar el camino hacia la iluminación debería trabajar su sabiduría sin esperar ningún provecho personal. Quien practica el Zen debería hacerlo sin fines concretos, sin ir detrás de una meta personal y, simplemente, debería transitar el camino del Zen porque no hay otra cosa mejor que pueda hacer. Esta actitud debería ser de lo más natural y cuando decimos natural, es porque se plantea que el discípulo recorra el camino de la sabiduría así como la cosecha florece, como el sol sale y se pone cada día, como el viento sopla, o como la lluvia cae sobre la tierra reseca para reavivarla. ¿Pero alguna vez obtendremos algo de nuestro esfuerzo? Claro que sí, pero surgirá naturalmente de nuestra actitud desprendida y natural. En el camino de búsqueda que nos propone el Zen surgirán pronto beneficios, recompensas, pero, así como en la naturaleza, los frutos vendrán por sí solos. Ya los primeros filósofos del budismo sostenían aquello de "si lo abandonas todo, lo obtendrás todo". Con el tiempo veremos que acertada es esta enseñanza.

El segundo de los términos a analizar es Hishiryo. Ya hemos visto, en el tercero de los capítulos del presente libro, la trascendencia del zazen que de alguna manera no es sino la práctica del Zen, o aquello que lo hace andar. El motor del Zen decíamos. Y el término "Hishiryo" está íntimamente ligado con la práctica del Zazen y justamente es una disposición que se experimenta en la práctica del Zazen.

Ocurre que el error más común en la práctica del Zazen es ocupar nuestra cabeza, nuestro pensamiento con todo aquello que nos causa ansiedad, nuestras preocupaciones más apremiantes de la vida cotidiana. Así nuestra atención será rehén de los pensamientos más evidentes de nuestra mente. Esta conexión permanente con el pensamiento es la que lleva al ser humano a situaciones de neurosis y estrés y a otras tantas patologías nacidas de la mente. Es por ello que quien quiere escapar de esta situación expresa su deseo diciendo que le gustaría "dejar de pensar" por un momento. Al mismo tiempo esta obsesión por poner freno a nuestro pensamiento no hace sino activar más este circuito, por lo que pronto entramos en un peligroso círculo vicioso.

Fue el Maestro Dogen quien aconsejaba aquello de "piensa sin pensar". ¿Pero cómo es posible tal cosa? Pues alcanzando lo que da en llamarse condición de Hishiryo, nada más ni nada menos que la manera justa de pensar durante el Zazen. Llegamos a la conclusión de que podemos experimentar Hishiryo durante la práctica del Zazen. ¿Pero cómo se llega a esa situación?: la clave está en concentrarse profundamente en la postura y en la respiración del Zazen, así podremos detener el pensamiento. Cuando lo hemos logrado es que la conciencia se libera de la insistencia de los pensamientos recurrentes e invasivos. Prontamente llegaremos a lo que el Zen llama estados de no-pensamiento. La conclusión es que el Zazen es alcanzar la condición Hishiryo. Aunque, a no equivocarse, la actitud de no-pensar no consiste en poner la mente en blanco sino, como sostenía Dogen, se trata de pensar sin pensar.

Nos resta analizar el término Shikantaza, otra de las expresiones Zen japonesas más importantes. Este último término está íntimamente ligado a los dos términos anteriormente tratados. Shikantaza describe la situación de sentarse para la práctica del Zazen (entendido como "sólo el hecho de sentarse" y no otra cosa). Tiene algo del no-provecho de Moshotoku, ya que cuando nos sentamos en Zazen no nos sentamos para alcanzar fin alguno y, como decíamos en la descripción de aquel término, nos sentamos con la misma actitud desprendida de la naturaleza, de esa lluvia que cae porque sí, o del viento que sopla sin preguntarse nada. Esta expresión, Shikantaza, que nos invita a sentarnos sin más al mismo tiempo, nos está diciendo que no debe hacerse Zazen con el objeto de iluminarse o para adquirir una categoría suprahumana. De alguna manera, Zazen sería el principio y el final en sí mismo.

¿Y cómo es que las lecciones que nos deja el análisis de estos términos pueden trasladarse a nuestro día a día? Naturalizando la misma actitud de desprendimiento y desapego de la que hablamos al inicio de este capítulo. Cuando practicamos Zazen no debemos esforzarnos para obtener beneficios, podemos no recibir todo aquello que esperamos y desilusionarnos. Del mismo modo no debemos trabajar con la finalidad única de ganar dinero, ni comer para calmar el hambre, ni dormir para paliar el cansancio. En nuestra naturaleza humana está la iniciativa de hacer, comer y dormir, y así de natural debería ser para nosotros. Cuando se le pregunta al Zen: ¿cuál es el sentido de la vida?, el Zen responde: "vivir". Así, finalmente, volvemos a la misma lección del inicio: debemos poner el foco en el momento presente, concentrarnos en lo que estamos haciendo sin pensar en qué resultados tendrá. Cuando no esperemos nada llegarán los resultados, y serán más gratificantes y sorprendentes.

Síntesis del Capítulo 7

- Cuando el Zen nos habla de desapego y desprendimiento, se está refiriendo al abandono de la intelectualización del mundo, a la aceptación de situaciones contrarias a nuestros deseos, al tiempo que nos invita a dejar de lado la actitud de consumismo incontrolable e irracional que nos propone la sociedad moderna.

- Es tiempo de descubrir lo equivocado de la idea instalada que dice que cuanta más información y conocimiento acumulamos es mejor.

- La información por sí sola no es traducible en conocimiento sino que la información pasa a ser conocimiento recién cuando podemos incorporarla a nuestra realidad, dándole un verdadero sentido para nosotros.

Capítulo 8

Hablando con el cuerpo: comunicación no verbal para potenciar nuestro mensaje

La postura del Zazen es una postura muy antigua, casi tanto que podría decirse, sin temor a equivocaciones, que es anterior al Buda y que acompaña al hombre desde tiempos inmemoriales. Documento de ello son dibujos realizados por las desaparecidas culturas inca y azteca de entre tres mil y cinco mil años de antigüedad comprobada, y otras tantas estatuas de la cultura celta de la misma antigüedad, que muestran gente practicando la postura Zazen.

A simple vista, la postura para la correcta práctica del Zazen no sería otra que la ampliamente conocida postura para la práctica del yoga. Y de alguna manera no es muy diferente pero, desde la visión del Zen, la postura del Zazen es la postura perfecta, a la que se llega después de haber pasado por todas las posturas posibles del yoga.

Para practicar la postura Zazen no es necesaria ninguna formación en especial, ya que según dicen los Maestros en Zen, solo se trataría de retornar a la condición natural del cuerpo y del espíritu, algo que todos sabemos pero que hemos descuidado hasta el olvido. Sería algo así como reavivar un conocimiento innato.

Los tres pilares para la práctica correcta del Zazen

Para una correcta práctica del Zazen se deben cumplimentar tres condiciones: una correcta postura, la respiración indicada y un estado especial de mente y disposición. A continuación veremos cada uno de estos tres pilares para la práctica del Zazen.

1. La postura

Para comenzar a practicar Zazen es ideal contar con un almohadón (*zafú*) y éste debería estar colocado, por lo menos, a un metro de la pared de la habitación donde nos disponemos a la práctica. La forma de sentarse sobre el *zafú* es en la clásica postura de loto, aunque en realidad para el Zazen existen dos posturas posibles: loto y medio loto. La posición de loto consiste en colocar el pie izquierdo sobre el muslo derecho y el pie derecho sobre el muslo izquierdo. En cambio, en el medio loto, el practicante toma su posición de inicio con solo presionar el pie izquierdo contra el muslo derecho. Pero ¿por qué es importante ejercer esta presión con los pies sobre los muslos?, pues porque los muslos tienen zonas que contienen importantes puntos que, de alguna manera, son conexiones directas con órganos como el hígado, la vesícula y los riñones, que se activan con la presión de los pies como ocurre en la acupuntura. Esta especie de triángulo que se forma con las piernas en posición de loto, es la postura base del Zazen.

Una vez que hemos logrado la posición de loto con las piernas es el turno de mejorar la posición del torso, y para ello debemos, como primera medida, estirar la nuca y llevar el mentón al pecho, con la nariz apuntando a la línea del ombligo y manteniendo los hombros relajados y caídos. El cuerpo debe estar levemente inclinado hacia adelante para aligerar el peso de los órganos sobre la columna vertebral. Hasta encontrar la posición correcta podemos balancearnos levemente como un péndulo. Finalmente, deberíamos quedar con la columna lo más recta posible, aunque respetando las curvas naturales de ésta.

La posición de las manos es otro factor fundamental: debemos aprisionar levemente los dedos pulgares en los puños y colocar éstos sobre las rodillas mirando hacia arriba, casi dejándolos colgar. La práctica del Zazen hace hincapié en el correcto tono muscular de las manos.

En cuanto al rostro, la boca debe estar cerrada pero sin aprisionar los labios, la punta de la lengua debe tocar el paladar por detrás de los dientes superiores, al tiempo que los dientes de abajo y arriba se deben rozar sutilmente. Los ojos deben estar semi cerrados, la mirada debe enfocarse apenas un metro por delante, aunque en realidad la idea del Zen es desplegar una mirada que, de alguna manera, no mira hacia el afuera sino hacia el interior del individuo.

2. Respiración

En el Zazen la respiración juega un papel central y está basada en una inspiración larga y profunda y una espiración de igual tenor por la boca. La respiración en el Zazen debe, con el tiempo y la práctica, llegar a un ritmo natural, lento y en lo posible silencioso. En cuanto al ruido que deberíamos escuchar cuando estamos practicando la respiración, los Maestros de Zen comparan su sonido con el mugido de una vaca, el harto conocido om.

Pero ¿cómo puedo controlar mi respiración? Debemos recordar que sólo se controla aquello que se conoce en profundidad, por lo que lo primero que deberíamos hacer es azuzar nuestros sentidos para conocer nuestra respiración. Escuchándola atentamente se puede aprender mucho de ella. Por ello la idea no es controlar ni exigirla para hacerla parecer natural, dominada, sino dejarla hacer hasta que ésta se mueva libremente de la forma más natural posible.

A la forma correcta de respiración, en la práctica del Zazen, se le da el nombre de "gassho" y consiste en inspirar por la nariz para luego inclinar nuestro cuerpo (siempre en posición de loto) hacia abajo, para recién volver a tomar la posición recta de espalda cuando espiramos por la boca.

La respiración incide directamente sobre la caja torácica, la musculación de los pectorales, el diafragma, la musculación abdominal, intercostal y dorsal. Siguiendo el nivel de actuación de la respiración sobre estas partes de la estructura corpórea, es que se suele decir que existen tres formas de respiración: una respiración torácica que es considerada la más básica de todas, una forma de respirar propia de aquellos que están inquietos, agitados y en la que predomina la inspiración; la respiración diafragmática, que sería un paso adelante con respecto a la anterior porque da cierta relajación a los músculos y trabaja más la espiración; y por último la respiración abdominal que trabaja una renovación de aire más completa en los pulmones y que, según los Maestros del Zen, es la más propicia para la buena técnica Zazen.

3. De la disposición mental y espiritual

Ya lo habíamos comentado, el error más reiterado en la práctica del Zazen se da en una equivocada disposición mental. Lo más normal cuando comenzamos a practicar es ocupar nuestra cabeza, nuestro pensamiento, con todas las preocupaciones que nos apremian en la cotidianeidad. Claro que de esa manera sólo conseguiremos quedar encerrados en aquello que nos preocupa y marcharemos presos de pensamientos recurrentes a cuadros de neurosis, de estrés y a otras tantas patologías que nacen de esta sobrecarga de preocupaciones mentales. Cuando estamos al borde de estas situaciones críticas solemos desear "no pensar por un momento", para intentar armonizarnos, pero esa misma obsesión por parar se convierte pronto en una nueva forma de empujar la línea de nuestro ajetreado pensamiento… y así se realimenta un círculo nada saludable.

Lo más saludable sería pensar sin hacerlo pero, ¿es posible tal aparente contradicción? Al menos eso es lo que propiciaba el primero de los Maestros Zen en Japón. El Maestro Dogen fue quien instaló la condición mental y espiritual propicia para una buena práctica del Zazen, y a ésta se le dio el nombre de "Hishiryo", algo así como la manera correcta de pensar durante la práctica del Zazen. Volviendo a los dos puntos anteriores, la clave para lograr el Hishiryo no es otra que concentrarse cuidadosamente en la postura y la respiración, sólo así podremos detener el pensamiento. Liberándonos de los más recurrentes e invasivos llegamos a lo que el Zen llama no-pensamientos (el pensar sin pensar, no el poner la mente en blanco), liberando nuestra conciencia, llegando al estado ideal de mente y espíritu que necesita una buena práctica del Zazen. Y esta situación no sería extraordinaria sino todo lo contrario: en ese momento habremos alcanzado el retorno a la condición originaria, natural, del cerebro.

El lugar ideal para la práctica del Zazen

No es que se necesite un lugar muy especial para la práctica del Zazen pero sí es recomendable que el sitio sea en principio silencioso y, en lo posible, que se trate de una habitación sólo dedicada a su práctica y no a otras actividades. Otro complemento ideal es que la habitación tenga buena luz (ni demasiado oscura ni demasiado iluminada) para sumar a un ambiente de relajación. También es importante que la habitación esté a una temperatura normal (ni mucho calor ni mucho frío). Además, se debe cuidar la limpieza del lugar.

No importa en absoluto el tamaño de la habitación, salvo, claro, que los practicantes superen en número a la capacidad normal del lugar. La decoración debe tender a la sencillez, y puede armarse en el centro de la habitación o en un lugar bien visible un pequeño altar con la imagen de un buda o alguna figura espiritualmente positiva como un santo. Si se cumple con todo lo detallado, se habrá montado un verdadero Dojo, que es el nombre que se le da al lugar espiritual para la práctica del Zazen.

La importancia de la comunicación no verbal en los negocios

Cuando en una organización no funcionan las relaciones entre equipos de trabajo·o, aún más, cuando se dan cortocircuitos o equívocos en las relaciones personales, se suelen buscar explicaciones complejas y como consecuencia se instalan proyectos igual de rebuscados para reencauzar las relaciones. Pero pocas veces se suelen buscar las causas más evidentes: la falta de una cultura comunicativa clara y ordenada. Y yendo un poco más en profundidad, aun cuando se intenta reconducir los modos de comunicación dentro de una organización, casi no se le da importancia a la comunicación no verbal (gestos, posturas del cuerpo, tonos de voz, vestimenta y muchos etcéteras) en el proceso de comunicación, lo que se traduce en un doble error con importantes consecuencias.

Del mismo modo que la práctica del Zazen requiere de un estudiado y arduo trabajo hasta lograr la postura, la respiración y el estado de conciencia correcto, la comunicación no verbal requiere de una atención particular para potenciar los beneficios de su correcto uso. Como receptores se trata de entrenarnos para interpretar mejor las señales externas hasta aprender a ser más receptivos para, al mismo tiempo, mejorar la calidad de nuestras reacciones y respuestas. En cuanto a nuestro papel como comunicadores se trata, entre otras tantas cosas, de controlar y conocer nuestras potencialidades de comunicación a nivel físico, gestual, emocional y estético. La idea última del entrenamiento en la comunicación no verbal, es tomar conciencia de que nosotros mismos somos parte del mensaje que queremos comunicar.

Mejorar como receptores y como emisores en el terreno de la comunicación no verbal debería ser un objetivo troncal de nuestro plan de negocios. No es poca cosa aquello que transmitimos desde lo no dicho que, incluso, muchas veces suele anular aquello que realmente estamos verbalizando, o peor aún, le cambia el sentido a lo que decimos. Deberíamos ocuparnos de nuestra apariencia exterior, de nuestra gestualidad, de la postura que adoptamos para cada situación en particular. Y no es un detalle menor porque seguramente en estos aspectos nos estaremos jugando la aceptación o no del otro. Todo lo que decimos con nuestra apariencia y con nuestra actitud seguramente va a condicionar al interlocutor que tenemos enfrente para la imagen que se formará de nosotros. Como muestra de la potencialidad de estas condiciones deberíamos preguntarnos, ¿por qué algunas personas nos atemorizan o producen desconfianza aun cuando no los conocemos en profundidad?, ¿por qué ciertos sujetos nos hacen sentir seguros con su presencia, cuando es la primera vez que los vemos en nuestra vida?, ¿por qué otros nos son totalmente indiferentes?

Al igual que la práctica del Zazen, el entrenamiento en la comunicación no verbal requiere de esfuerzo y continuidad. Aquellos sujetos que tienen una capacidad sorprendente para potenciar con gestos, tonos y presencia aquello que dicen, no nacieron con un don sino que lo fueron trabajando conscientemente. Del mismo modo, quienes llegan a altos grados de espiritualidad en el terreno del Zen, antes de ello han pasado por trabajosas etapas previas.

Algunas claves para la comunicación no verbal

La comunicación no verbal complementa y hasta puede sustituir la comunicación verbal, ya que gracias a estas competencias podemos transmitir nuestro estado emocional al receptor. La comunicación no verbal amplía y hace más precisa la comunicación, completa el mensaje. Por lo tanto quien maneja con ductilidad estas competencias tiene un valor añadido en el mundo de los negocios para el camino hacia el éxito.

Pero, y no menos importante, es entender que la comunicación no verbal no es un conjunto de fuegos de artificios, de trucos entre palabra y palabra con el fin de captar la atención del receptor. Todo lo contrario, todos los recursos de comunicación no verbal que un individuo ponga en práctica tienen que ser coherentes en un ciento por ciento con aquello que exprese desde sus palabras, ya que gran parte de la fuerza de la comunicación no verbal está afincada en su credibilidad, espontaneidad y naturalidad. Romper con esta máxima de coherencia (aquel que, por ejemplo, dice estar tranquilo mientras le tiemblan sus manos y suda sobremanera) tendrá resultados más nefastos que el que logrará aquel que ni siquiera haga uso de competencias no verbales.

A continuación, un caprichoso listado de las potencialidades de la comunicación no verbal más trascendentes:

Herramientas gestuales:

- Las expresiones faciales: pueden mostrar aceptación, rechazo, sorpresa, enojo y tantas otras posibilidades más.

- La sonrisa es una herramienta gestual que bien utilizada suele acercar a nuestro interlocutor.

- El movimiento de nuestros labios también denota las más diversas posturas (morderse los labios, por ejemplo, es entendido como una señal de duda).

- También interesan sobremanera los movimientos de manos, brazos y de todo el cuerpo en general.

- En el caso en que haya contacto físico, la afectividad del abrazo, el apretón firme de manos, una palmada en la espalda y hasta el tacto, denotarán distintos estados de ánimo con respecto a nuestro interlocutor.

- Igual de trascendente es la comunicación no visual, ya que el tenor de nuestra mirada dice mucho de nosotros y de la relación que tenemos con el otro. Entran en esta categoría señales como la caída de ojos, el guiño cómplice o la mirada esquiva.

- Para nada es un aspecto a descuidar la apariencia física. El cuidado personal que incluye la higiene y la forma de vestir, dicen mucho sobre aquello que vamos a transmitir.

Herramientas espaciales

- El espacio, la distancia a la que nos situamos de nuestro interlocutor nos ayuda a completar el mensaje. Posicionarnos lejos del otro puede transmitir una especie de indiferencia. Hablarle al otro desde una posición más alta puede denotar nuestra postura de superioridad. En este aspecto también entra en juego o condiciona el mobiliario que se presenta como contexto de la situación comunicativa.

Herramientas paralingüísticas

• Quizá uno de los elementos más importantes de la comunicación no verbal sea el tono de voz. El énfasis o la diferencia de tonalidad que ponemos en cada pasaje de aquello que decimos, puede remarcar o hacer pasar desapercibido algo que estamos comunicando.

De cómo la salud se beneficia con la buena práctica del Zazen

Por lo menos hasta mitad de siglo pasado, la práctica del Zazen era básicamente un entrenamiento espiritual propio de religiosos e intelectuales que buscaban un nuevo despertar de conciencia, pero con el tiempo el público que se acercó a su práctica fue ampliando sus motivaciones. Y aún más cuando diversas investigaciones científicas demostraron los beneficios que la práctica del Zazen tiene para recobrar el equilibrio en la salud. Y es que mediante su práctica constante y responsable el individuo comienza a descubrir la verdadera conexión entre las diferentes partes del cuerpo, la mente y la condición espiritual. Con el tiempo, quien practica Zazen también caerá en la cuenta de lo poderoso de una buena respiración.

El primero de los beneficios –el más visible de todos–, tiene que ver con la postura. Y es que la práctica del Zazen contribuye sobremanera al aliviamiento de los dolores de columna, al reencauzamiento de las desviaciones de vértebras y, lo que no es menos importante, a la tonificación del cuerpo. También el hecho de estirar la columna vertebral, actividad que incita, hace recuperar la agilidad y acaba con las contracciones nerviosas de la zona lumbar.

Luego, están todos los efectos benéficos que conlleva el control de la respiración, de la conciencia y de la templanza de espíritu. Por supuesto que como una de sus primeras señales permitirá controlar las apremiantes situaciones de estrés, agotamiento y ansiedad. Esto es porque una respiración natural y relajada controla sanamente el ritmo del corazón, regula la circulación, al tiempo que hace desaparecer la tensión nerviosa. Una buena respiración también hace que cambiemos el aire con más constancia y orden, por lo que nos liberamos de impurezas. Además, retomar un ritmo relajado y constante baja notablemente el nivel de ácido láctico en la sangre, uno de los componentes del organismo que más nos hace entrar en tensión y que nos violenta e irrita.

A nivel cerebral, la armonización de la respiración, la postura y el manejo ordenado de las emociones hace que estemos más despiertos, que nuestros pensamientos sean más claros, armónicos y creativos, también nos encontraremos más sensibles y podremos armonizar más regularmente el pensamiento y la acción. Y estaremos más propensos al desarrollo de la intuición.

Pero, a no equivocarse, no es que mediante la práctica regular y ordenada del Zazen vamos a adquirir capacidades supra-humanas, sino que –muy por el contrario– lo que estaremos logrando es volver al estado natural del organismo y de la psiquis, a un reencuentro con nuestras condiciones naturales que teníamos intoxicadas, olvidadas y mutadas en deformaciones para nada saludables.

Síntesis del Capítulo 8

- Mediante la postura Zazen se intenta retornar a la condición natural del cuerpo y del espíritu, para así poder reavivar un conocimiento innato.

- Debemos tomar conciencia de que nosotros mismos somos parte del mensaje que queremos comunicar.

- Debemos entrenarnos para interpretar mejor las señales externas, para mejorar la calidad de nuestras reacciones y respuestas. También, debemos controlar y conocer nuestras potencialidades de comunicación a nivel físico, gestual, emocional y estético.

- Todo lo que decimos con nuestra apariencia y con nuestra actitud condicionará la imagen que la otra parte se formará de nosotros.

- La comunicación no verbal amplía y hace más precisa la comunicación. Quien maneja con ductilidad estas competencias tiene un valor añadido en el mundo de los negocios.

- La comunicación no verbal tiene que ser ciento por ciento coherente con aquello que se exprese desde las palabras, porque la fuerza de la comunicación no verbal está afincada en su credibilidad, espontaneidad y naturalidad.

Capítulo 9

Tips para reconocer a un gran líder

Si realmente queremos conocer la esencia del liderazgo para ejercerlo con precisión y eficacia y, al mismo tiempo, para hacer una buena elección a la hora en que nos toque seleccionar a un guía, deberíamos ir hasta el inicio del todo: ¿es innato el liderazgo?, o de no serlo, ¿cuándo comienzan a formarse en uno las competencias que nos harán un verdadero líder, un verdadero Maestro?

Quien asume el papel de líder, en la mayoría de los casos parece hacerlo con absoluta naturalidad, como si hubiera ejercido esa función desde siempre. Sin embargo, detrás de esa predisposición al liderazgo hay todo un trabajo previo que va mucho más allá de una cuestión innata. Por lo pronto deberíamos dejar de lado la idea mágica de que existe un tipo de gen que nos predispone a ser futuros líderes. En fin, que líder no se nace y, como veremos, el liderazgo se construye a largo plazo. Es que se trata de una cuestión de aprendizaje y predisposición, de aprender y querer aprender al mismo tiempo. Teniendo en cuenta estas pautas, para llegar a ser un buen líder el primer paso de nuestra carrera al liderazgo sería, nada más y nada menos, que una cuestión de voluntad: para ser un gran líder ante todo tengo que tener el deseo de serlo. Recién ahí cuando demos ese primer paso con el que elegimos ser líderes, comenzaremos las etapas del aprendizaje: alimentaremos nuestro convencimiento (comenzando a vernos como líderes y creyendo esa imagen), diseñaremos una figura de líder que se acomode a nuestro carácter (elegiremos nuestro perfil de liderazgo) y, por último, comenzaremos a desenvolvernos como si fuéramos líderes. Trabajando todos estos tópicos, cuando nos llegue el momento crucial de asumir una situación de liderazgo, ya habremos recorrido un largo camino que nos habrá preparado para asumir ese compromiso con total naturalidad.

Condiciones para reconocer al líder correcto

¿Es posible reconocer a un verdadero Maestro?, se preguntan quienes transitan el camino del Zen. ¿Cuáles son las pistas que nos ayudan a reconocer a un verdadero líder, a un guía?, preguntamos nosotros que estamos inmersos en el mundo de los negocios y sedientos de respuestas de este tipo.

Los antiguos Maestros Zen decían que para elegir a un Maestro y no errar en la elección, había que preguntarle a ese candidato quién fue su Maestro, quién lo nombró con ese título o, como exactamente dice la terminología de la sabiduría Zen, "quién le transmitió el Shiho". Y es que el Shiho es como una especie de certificación de calidad, algo así como un diploma que asegura el buen linaje del Maestro. En nuestros tiempos también sería acertado para la elección de un buen líder, recurrir al análisis de los títulos que éste ostenta, conocer su formación, sus estudios, su experiencia laboral. Pero, aún así, y con toda esta información a mano, no nos estaremos asegurando que el líder elegido para llevar adelante nuestros negocios sea el correcto. Existen unas cuantas condiciones que no reflejan los títulos (actitudes éticas, morales, opciones personales) y que al momento de liderar un grupo se convierten en herramientas troncales para llegar a buen puerto. A continuación, veremos algunas pistas para dar con este líder integral, con aquel en el que convergen la formación y la actitud indicada.

1. El liderazgo como escuela de humildad (el Maestro que no se dice Maestro)

Una de las claves para entender el ejercicio del liderazgo es una actitud humilde, entendiendo a la humildad como el servicio desinteresado para quienes supuestamente deberíamos dirigir, algo así como subordinarse a los intereses y a las necesidades de quienes son nuestros subordinados. Claro que no es una tarea sencilla, porque desde siempre está mal aprendido que liderar tiene que ver con sentirse más que los demás... y por hacerse servir por los demás desde esa superioridad. Sin embargo, quien busca la excelencia en el liderazgo debe asumir su posición de humildad no como una carga más sino como una parte trascendental del pleno ejercicio de su función, y lo que es más importante, como una herramienta troncal para el buen gobierno de un proyecto y como un elemento que potencia y da marco a todas las demás características de un gran líder.

No hacer alarde de nuestros logros, ponernos en el último lugar, servir al otro, en fin, abandonar el interés por nosotros mismos: todo eso y mucho más exige el Zen para quienes aspiran a alcanzar la perfección. Y todas esas exigencias pueden resumirse en un sólo término: la humildad. En principio vemos que es una palabra bonita, pero, de palabras bonitas estamos cansados. Entonces, ¿qué hay más allá de una palabra edificante como "humildad"? Nuestro punto de partida debería ser descifrar el sentido profundo del término: la humildad es una virtud y tiene su sustento en un procedimiento de autoconocimiento sincero sobre nuestra persona, sobre cómo actuamos, cuáles son nuestras capacidades y en qué situación nos encuentra la vida. Y cuando hablamos de "autoconocimiento sincero" estamos haciendo referencia a la primera condición de la humildad: la verdad, porque únicamente mediante la verdad podemos conocernos tal cual somos. A su vez, como primera consecuencia de nuestro actuar humilde tenemos a la justicia. ¿Por qué?: sencillo, mediante la humildad nos conocemos tal cual somos y a partir de allí nos damos el lugar que nos merecemos en la relación con los demás, dándoles a los demás el lugar que les corresponde. Y hablando de conocernos tal cuál somos, ¿no habíamos hablado capítulos antes de la disposición del Zen para cambiar nuestra mirada, de despojarla de preconceptos y llevarnos hasta el momento en que veamos las cosas tal cuál son? Por lo que se ve, seguimos por el mismo camino.

Pero, a todo esto: ¿qué lugar ocupa un valor como la humildad en un mundo tan competitivo como el de los negocios? O más aún, ¿la humildad tiene lugar en el mundo competitivo de los negocios? A simple vista, no. El mundo de los negocios no sólo ignora esta virtud y le quita lugar dentro de los elementos para una buena gestión, sino que además la ve como un elemento extraño y opuesto a cualquier aspiración de éxito. Éxito y humildad según el mundo de los negocios no podrían convivir. Sin embargo, es tiempo de caer en la cuenta de que la humildad es, quizá, una de las virtudes más importantes para liderar un equipo de trabajo, para convertirnos en verdaderos Maestros, en Maestros construidos sobre una base sólida.

¿Y en qué se basan estas concepciones erradas acerca de la humildad?: es que en los negocios se la entiende como una herramienta de la que hacen uso quienes buscan consuelo en el fracaso. Los triunfadores nada tendrían que ver con la humildad. Así, es vista como una excusa de aquellos que no pueden ser competitivos y, al mismo tiempo, funcionaría como un placebo para los conformistas. Sin embargo, es tiempo de aclarar que la humildad nada tiene que ver con la flojera de espíritu y, más bien, se relaciona con caracteres totalmente opuestos. Volviendo a la cuestión del Maestro y del alumno, pronto caeremos en la cuenta de que el verdadero Maestro es aquél que desde su humildad y su verdad reconoce sinceramente su limitación y su necesidad constante de seguir formándose para la perfección. Y si aún nos quedan dudas para reafirmar esta conclusión, deberíamos acercarnos a las biografías de los grandes líderes, aquellos personajes que supieron delegar funciones en allegados que entendían como los más capacitados para algunas tareas, aquellos que supieron dominar sus obsesiones y sus deseos personales. Y es que en la humildad está el germen de la serenidad y la firmeza, de la decisión y de la seguridad, de las decisiones certeras. La humildad es el inicio del dominio de uno mismo y esta actitud es el comienzo de un liderazgo capaz de hacer historia. Y al contrario de lo que se cree, quien desestima la humildad como recurso, en realidad está escondiendo detrás de una puesta en escena inseguridades y miedos.

2. La importancia de la coherencia y la integridad en el buen ejercicio del liderazgo (o del Maestro como molde del discípulo)

Desde tiempos inmemoriales la figura del Maestro se asocia con una especie de molde, con un espejo, desde donde el discípulo se formará. No muy distinta debería ser la posición de un líder en el terreno de los negocios. Alguien que lidera una organización comercial debería ser más que consciente de que todo aquello a su cargo se conformará según su medida, según lo que dicte su ejemplo. El líder es quien forja la matriz que los que vienen detrás repetirán. Pero, ¿sobre qué principios es que se forma como ejemplo, como molde? Veamos, podemos ser líderes, el más grande de los líderes en el terreno de los negocios, pero ni aún así tendremos el control total sobre las decisiones que tomen nuestros socios, o aquellos que son nuestros clientes; menos aún podremos manejar aquello que los demás piensan sobre nuestra persona; y aún cuando nos movamos como verdaderos profesionales no todos los avatares del mercado responderán a nuestros caprichos. Vemos entonces que desde nuestro lugar de líderes, pocas cosas quedan bajo nuestro control. Aún así tanto líderes en el mundo de los negocios como Maestros en la espiritualidad Zen, tienen bajo su dominio un elemento fundamental: su integridad. Nosotros somos los dueños de nuestra honradez, somos quienes decidimos poner o no en práctica nuestros principios éticos y morales, y a partir de la decisión que tomamos al respecto se desprenderá una catarata de resultados.

Como líderes y como Maestros nuestra posición ética y moral nos perseguirá como una sombra, como una marca que definirá nuestro estilo y ante la que los demás se rendirán como evidencia irrefutable de aquello que representamos, somos y transmitimos. Incluso, y aún cuando algunos ilusamente lo intenten, con el tiempo será imposible separar nuestro accionar del mensaje que queremos comunicar. Si elegimos el camino del doble discurso, tarde o temprano se nos caerá la máscara y nuestra figura de líder y Maestro se derrumbará como todos aquellos que se erigen en ejemplo con los pies de barro.

No hay, entonces, para un líder y un Maestro, mejor carta de presentación que una integridad a toda prueba. La integridad es uno de los elementos fundacionales de la figura de líder, de Maestro. Tanto que casi podría asegurarse que un líder que tiene una andar íntegro deja como una estela a su paso, un ejemplo de firmeza, de integridad, que funcionará como un verdadero molde para los discípulos, los subordinados de éste. Será tanto así, que esta integridad tendrá más fuerza que todo el palabrerío imaginable.

Otro aspecto central de la figura del Maestro y del líder es tomar plena consciencia de que con la misma atención y convencimiento con que los discípulos tienen la mirada puesta en el Maestro, de igual manera, los subordinados fijan su mirada en el líder del equipo de negocios. Y es por esta misma evidencia innegable que es tan trascendental liderar con el ejemplo.

Partiendo de estas verdades a las que hemos llegado podemos comprender que un Maestro o un líder que propone educar a los suyos en el crecimiento, la superación, la renovación, debería ser el primero en tener tal actitud en su día a día. Al proceso de aprendizaje se le da forma por medio de mensajes inequívocos y el origen más potente de esos mensajes es el comportamiento de quien está un paso más arriba. Por el contrario, un líder que no se compromete con su rol, desestima la cultura de la responsabilidad.

Así que si usted como líder se propone que sus subordinados se esfuercen por crecer, se desarrollen, se superen, nada mejor que ponerse manos a la obra para ir usted mismo en búsqueda de la superación personal. Si sus subordinados lo ven esforzado por superarse, por informarse, por formarse, seguramente actuarán de igual manera con sus personas. La cultura se crea con el intercambio de mensajes y éstos circulan por distintos canales entre los que se encuentra el comportamiento de los líderes. De igual modo, si un líder sostiene compromisos, promueve la cultura de la responsabilidad y acepta sus errores, multiplica su ejemplo entre quienes lo siguen, escuchan y observan.

En concordancia con los ejemplos anteriores, si a usted como líder se le ocurriera infringir alguna de las reglas de la compañía, con su actitud estará dando vía libre para que todos aquellos que están bajo su mando lo sigan en la infracción. Infringir una regla es, entonces, algo que ni se le ocurriría a un verdadero Maestro Zen. Es así que el mal andar de una compañía deja en evidencia las fallas del líder, y es éste quien debe comenzar a cambiar su comportamiento y su forma de pensar para que el resto del equipo entienda el cambio y modifique su postura.

Como líderes somos el molde que marca la matriz. Por ello, aun cuando una compañía diseñe prolijos manuales de cultura y comportamientos, de valores y creencias fundamentales, éstos caerán en saco roto y serán solo palabras huecas mientras no sea el mismo líder quien funcione como modelo del apego a esas palabras. No sólo es cuestión de predicar, también es fundamental hacer.

3. Del líder que sabe forjar la confianza entre los suyos (y del Maestro que descansa en su discípulo)

Uno de los primeros y más trascendentes objetivos, tanto de un buen Maestro espiritual como de un líder en el mundo de los negocios, debería ser ganarse cabal y limpiamente la confianza de sus discípulos, de aquellos que lo siguen. La confianza forjada con aquellos a los que debemos guiar, aún cuando parezca un activo menor, no lo es para nada. En las situaciones difíciles, contradictorias, en las que el ser humano es puesto a prueba, en esos momentos el discípulo responderá proporcionalmente al grado de confianza y fidelidad que haya construido alrededor de la figura de su Maestro. En fin, que la confianza puede ser un elemento fundamental para decidir nuestro éxito o fracaso en la gestión como líderes y como Maestros.

En esta parte de la lección, además, deberíamos recordar que todo aquello que busquemos transmitir tanto desde el liderazgo como desde la enseñanza en el terreno espiritual, no sólo depende de aquel que envía el mensaje; en el proceso de la comunicación intervienen, por lo menos, dos partes y de ahí el intransferible valor que se le asigna a la calidad de la relación que establece el líder con su equipo y el Maestro con sus discípulos. Ni uno ni otro pueden recorrer el camino por sí solos: un Maestro sin discípulos perdería su categoría de guía, al tiempo que un líder que no cuenta con la confianza de su equipo de gente difícilmente llegue muy lejos en el mundo de los negocios. El aumento en la cuota de confianza entre líder y subordinado, o entre Maestro y discípulo, aumenta proporcionalmente la cuota de compromiso que ambas partes asumen en el proceso de enseñanza-aprendizaje.

También, deberíamos tener en cuenta que el mejor modo de forjar la confianza con el otro es justamente confiar en el otro. La confianza se gana con más confianza. Pero claro que este "ganarse la confianza" no debe ser un objetivo en sí mismo, sino que debe construirse desde una actitud natural y como un ejercicio cotidiano e incorporado a nuestro actuar. La confianza, el respeto y la credibilidad deben ganarse proyectando en el grupo el ejemplo, en el decir y en el actuar, de igual tenor. ¿Cómo es esto?, simple: quien trate a los subordinados y a los discípulos con confianza, respeto y al mismo tiempo en este camino sea creíble, se hará acreedor de la misma moneda. Pero, ¿cuál es la forma de andar este camino?: pues dar muestras claras e inequívocas de honestidad e integridad. Y esto incluye cumplir con la palabra empeñada; trabajar y aprender en conjunto con aquellos a quienes se guía; involucrar a todos en cada suceso y compartir la información. Una buena manera de ganarse la confianza de aquellos a quienes se les enseña, es convertirse en un buen oyente que recibe y acepta propuestas, que delega responsabilidades y que, ante todo, escucha a los suyos.

Síntesis del Capítulo 9

- El liderazgo en una cuestión de aprendizaje y predisposición, es aprender y querer aprender al mismo tiempo. Para ser un gran líder ante todo tengo que tener el deseo de serlo. Primero deberíamos vernos como líderes, luego elegimos nuestro perfil de liderazgo y, por último, comenzamos a desenvolvernos como si fuéramos líderes.

- Un gran líder trabaja la humildad no como una carga sino como una parte trascendental del pleno ejercicio de su función de líder.

- El verdadero Maestro es aquel que desde su humildad reconoce sinceramente sus limitaciones y su necesidad constante de seguir formándose para la perfección.

- La cultura se crea con el intercambio de mensajes, y éstos circulan por distintos canales entre los que se encuentra el comportamiento de los líderes. Si un líder sostiene compromisos, promueve la cultura de la responsabilidad.

- En las situaciones difíciles, el subordinado responderá proporcionalmente al grado de confianza y fidelidad que haya construido alrededor de la figura de su líder.

Capítulo 10

Lugar e importancia del líder

Ya hemos visto en el Capítulo 3 que la práctica del Zazen es parte fundamental del Zen, pero quedó algo por preguntarnos: si el Zen es en gran parte practicar Zazen y, de alguna manera, éste es una practica individual, ¿cuál es la importancia del Maestro en la práctica del Zazen?

En principio, para encontrar respuesta a tal enigma deberíamos ir un poco más atrás y recordar la misma esencia del Zen. El Zen está más allá de los razonamientos lógicos y, por lo tanto, sus secretos serían prácticamente intransmisibles mediante la enseñanza tal y como la conocemos en el modelo occidental. El Zen no tiene una doctrina para enseñar y, de alguna manera, no tiene nada para enseñar porque no enseña nada conceptual o racional. Es así que el Maestro Zen contesta a su discípulo con el silencio o como en los Mondos muestra el ciprés en el jardín sin una solución racional.

Además de no tener "nada" por enseñar, el Maestro Zen se guía por un principio superior que le impide colaborar con su discípulo cuando éste no entiende los principios del Zen. Esto es porque, fundamentalmente, el Zen entrega su secreto en la práctica directa. Así, de la misma manera que el Maestro tomó un camino en su vida, cada discípulo tiene que hacer el suyo propio porque este andar por sí solo es una manera de afirmarse a sí mismo. Todo aprendizaje lo debe hacer uno mismo o no se lo comprenderá nunca.

Volvemos, entonces, a la pregunta ¿cuál es la función del Maestro Zen? Un Maestro Zen, por ejemplo, nunca podría enseñarle a un discípulo cómo llegar a un satori (o estado último de iluminación). Sin embargo, el Maestro puede entregar las pistas para intentar transmitirle al discípulo las decisiones correctas en su camino hasta el satori y la realidad última de éste.

En la práctica del Zazen el Maestro está allí para corregir la postura y la respiración del discípulo, para mostrarle la verdadera disposición espiritual y mental. El Maestro indica el camino porque el resto corre por cuenta de cada uno, producir un satori es una situación que recae enteramente sobre el discípulo, al mismo tiempo que (si bien guiado por el Maestro) el camino hasta lograrlo es propio del discípulo y de nadie más.

Se dice que el camino del Zen crea una transformación próxima a un nacimiento como la de un huevo e, igual que en el ciclo de la naturaleza, cuando está a punto para nacer la madre pica el huevo para que la cría pueda abrirse camino (al igual que la madre puja por el niño por nacer). Y aquí pasamos, entonces, al lugar del discípulo que hace su parte por nacer. El problema ocurre cuando este discípulo cree que en ese nacimiento está su realización, cuando en realidad es solo el inicio de algo. El Maestro está allí como esas madres para mostrarle que existe una dimensión potencialmente superior, y que el camino que sigue es tarea del discípulo.

De igual manera el Maestro nunca puede considerar que su evolución está completa. Durante cada instante de la vida, el Maestro debe entender que él mismo tiene un Maestro por seguir y, difícilmente, sólo pueda dedicarse a enseñar. Así el Maestro es siempre discípulo y el discípulo recorre por sí solo el camino hasta volverse Maestro. Ninguno es superior al otro.

La fuerza del líder invisible: ¿es posible una oficina sin jefe?

Si hablamos de liderazgo inmediatamente pensaríamos en una palabra muy asociada: "control". ¿Podría una oficina funcionar sin un jefe?, ¿podría una empresa funcionar sin manager? Hay casos testigos que dan cuenta de que sí es posible dejar las responsabilidades en manos de los mandos inferiores y llegar a buen puerto. Deberíamos preguntarnos: si es posible, además, si hay casos exitosos, ¿por qué sólo se implementa esta metodología en casos excepcionales?

¿De dónde nace ese miedo a dejar el poder en manos de los empleados? Ya hemos visto con el ejemplo del Zen que el discípulo recorre por sí solo el camino hasta la iluminación. Ocurre que el miedo llega de la mano del jefe, el temor al fracaso nace en las mismas oficinas gerenciales. En ellos está el germen del escepticismo para implementar este tipo de experiencias. Y cuando se ponen en funcionamiento procesos de este tipo, suelen fracasar en su mayoría por la actitud negativa y prejuiciosa que toma el manager durante el transcurso de la aventura. ¿Y dónde está la clave para implementar exitosamente una experiencia de este tipo?: en la confianza, ni más ni menos. La actitud fundacional de un tipo de proceso exitoso en esta modalidad, es la de aquel jefe, líder, manager, la de aquella gerencia que se limita a marcar el inicio de la experiencia para luego colocarse a una prudente distancia de sus equipos de trabajo. ¿Y cuándo se pone a prueba la firmeza de estas actitudes?: cuando llegan los problemas. Es allí donde el líder debe abandonarse a la confianza en su equipo, debe confiar plenamente en la capacidad de sus subordinados para resolver el entuerto.

Claro que llegar a una situación ideal como la descripta anteriormente no es nada fácil. Sobre todo porque en el mismo líder anida siempre un espíritu, un instinto, que inclina hacia el control. Seguramente, quien llegó a la alta gerencia vivió toda su carrera y su formación en grandes corporaciones que hacían de los mecanismos de control una columna vertebral. Toda esa escuela es muy difícil de olvidar de un día para el otro y, menos aún, si pedimos que le den al asunto un giro de ciento ochenta grados. Proponerles a estos sujetos que dejen libres a sus empleados para que éstos mismos lleven adelante toda una compleja red de negocios, puede resultar una osadía. La respuesta seguramente será la de un líder que lo intenta pero que en el camino no puede con su carácter e interfiere en cada decisión cada vez que ve a su equipo dudar (aunque sea un segundo). Una actitud como esta puede llevar al fracaso rotundo de una experiencia de autoorganización... y eso es lo que ocurre en la mayoría de los intentos.

Pero, ¿como sería un líder ideal y cuáles serían las medidas más acertadas para crear este clima flexible de trabajo?

No hay mejor líder que aquel que domina su ego

Ya en capítulos anteriores el Zen nos ha advertido sobre la importancia de desprendernos para poseer realmente lo que tendrá utilidad para nosotros, sobre lo fructífero de adiestrarnos en el desapego, y en esa advertencia está el germen sobre el que deberíamos construir la imagen de un líder ideal para emprendimientos como los que venimos planteando. Y es que el primer paso de un buen líder que deja actuar a los suyos es destruir, desterrar su figura de líder. El ejercicio consistiría en algo así como darle un mazazo a nuestro ego. Sin embargo, debemos tener muy en cuenta que bajar de su pedestal a la figura del líder no significa negar su importancia dentro de la organización. Más bien se trata de darle al líder el sitio correcto, el lugar que le corresponde en el andar de la compañía.

¿Cuáles serían las iniciativas de un líder inclinado a este tipo de iniciativas? Veamos: en primer lugar debería ocuparse de deshacer la figura del líder todopoderoso y paternalista ante sus mismos subordinados. Esto incluye rechazar sistemáticamente toda intención aduladora de parte de sus empleados. Un buen ejemplo de este líder es que suele reconocer sus errores en público, contagiar optimismo y demostrar constante confianza en las capacidades de su grupo. Modestia y humildad son dos términos que un líder de este tipo debería tener en cuenta en forma recurrente.

No es malo que un líder disfrute de su cargo, después de todo seguramente se ganó ese lugar con mucho trabajo y sudor. Sin embargo, debe ser lo suficientemente inteligente como para saber cuándo es tiempo de delegar el liderazgo en otro. Un buen líder para este tipo de emprendimientos es aquel que siempre sabe delegar el mando.

Por último, un líder que vele por un proyecto de esta categoría, debe trabajar duro para construir unos cimientos, una plataforma, un esquema de trabajo que favorezca eficazmente este tipo de propuesta flexible.

Como última reflexión podríamos afirmar que los mejores líderes son aquellos que alimentan su propia invisibilidad y que, créase o no, las organizaciones más motivadas suelen ser aquellas en las que el liderazgo pasa a ser un tema secundario.

La diferencia entre dirigir y controlar

A grandes rasgos puede decirse que a la hora de liderar existen dos modos diametralmente opuestos. Por un lado podemos encontrar las posturas del tipo autoritarias que lideran por medio de una férrea disciplina e, incluso, por la imposición y el miedo; y por el otro están aquellos que lideran desde la participación, compartiendo responsabilidades e información. Así como el Maestro Zen deposita toda su confianza en su discípulo y deja que éste transite la experiencia del Zen por sí solo, de igual manera es más sabio en los negocios dejar que nuestros subordinados hagan su propio camino hasta arribar a conclusiones que brotarán de su experiencia directa.

Claro que no todos tienen la iluminación Zen a mano cada vez que les toca ponerse al frente de un grupo, y no son pocos los ejemplos de aquellos que eligen liderar desde el autoritarismo. Como hemos visto en los apartados anteriores, la confianza es una herramienta fundamental en el manejo de los equipos de trabajo. Justamente de este elemento suele carecer quien lidera desde la rigidez y la soledad. Quien impone sus ideas sin negociar, es porque no confía en su equipo y por ello mismo se limita a tomar las decisiones sin consultar y sin escuchar a nadie que no sea su propia voz.

Quien lidera desde una postura tan rígida lo hace remarcando todo el tiempo su cargo y su autoridad, imponiendo las reglas sin más explicación que su propia y caprichosa voluntad. También lo hace desde la confusión: muchas veces se cree erróneamente que el poder está relacionado con el uso de la fuerza, con la dominación, con imponer al otro nuestras ideas cuando, en realidad, se trata de trasmitirles el mensaje de tal manera que sean convencidos por su propia voluntad. Un líder a cargo de un grupo con estas características transitará los terrenos del abuso de poder.

Pero, quien utiliza este método para liderar, ¿realmente está al mando de la situación? Si recurrimos una vez más a la experiencia del Zen veremos que no. La esencia del camino hasta el satori, hasta la iluminación, es que cada uno transite su propio camino, de lo contrario no habrá satori posible porque se irá contra la misma esencia del camino de iluminación. Quien lidera desde el autoritarismo seguramente durante el primer tiempo de su gestión mantendrá todos los asuntos bajo su control, pero será cuestión de tiempo para que todo estalle en mil pedazos. El tiempo que tarde en llegar el estallido sólo dependerá del nivel de sumisión de sus dirigidos.

Con lo visto, es más que evidente que el Zen estaría del lado de aquellos líderes que llevan su grupo desde un clima participativo, basando su gestión en el clima de confianza imperante en el grupo. En este escenario es permitido a los subordinados tomar decisiones de peso. La clave, una vez más, está en tener en cuenta que trabajamos con otros, por ello nada mejor que escuchar y dejarlo participar en la toma de decisiones. De esta manera se está construyendo el liderazgo junto al grupo.

El resultado de una gestión de este tipo es una organización con clima abierto que goza de dinamismo, hace fluir la comunicación en todos los niveles y de todas las formas posibles (ascendente-descendente, horizontal-vertical), se basa en la confianza y crea verdaderos equipos de trabajo que soportan aun los desafíos más duros.

El Zen desde sus enseñanzas nos da cuenta de que de nada sirve someter al otro a un control férreo, porque eso es ir en contra de la misma humanidad. Advierte, así, sobre lo poco conveniente de imponer el liderazgo mediante la fuerza. Y, al mismo tiempo que hace referencia a la no imposición de una disciplina autoritaria, hace un llamado –nuevamente– al trabajo de la humildad (otro aspecto que vimos en el capítulo anterior como condición de un buen líder).

Líneas atrás, caímos en la cuenta de que según sea la disposición del líder (autoritario o abierto), tendremos como resultante un clima interno de grupo totalmente opuesto. Quien implante un ambiente de temor y sumisión tendrá como resultante una casi inexistente interacción entre los cargos superiores y los subordinados, para nada existirá en un escenario como el planteado una idea de equipo y todas las decisiones pasarán pura y exclusivamente por el líder.

Hay quien ve en esta detentación de poder una reacción ante las tremendas exigencias que se dan en los altos cargos. Así, quien hace gala todo el tiempo de su jerarquía, no es más que una persona equivocada que cree que el poder sólo está relacionado con el uso de la fuerza, con imponer al resto nuestras ideas, cuando en realidad deberían ser ganados por el convencimiento. Y un error insalvable que suelen cometer quienes entienden el liderazgo de esta manera es su tozudez, que los lleva a imponer siempre los mismos criterios sea cual sea el escenario. Quien ejerce el liderazgo de esta manera ve en esta actitud una muestra del poder de sus convicciones, olvidando que (como ya se dijo en reiteradas ocasiones) los negocios son fruto de un trabajo en equipo: dependemos de los otros, trabajamos con otros.

El resultado de esta propuesta será un líder que abusará de su poder, que hará cumplir las órdenes sin dar explicación alguna y sólo porque su cargo lo autoriza. Indefectiblemente su propuesta derivará en la rebelión o el hartazgo de sus subordinados. Claro que durante un tiempo este tipo de líder puede mantener un ambiente estabilizado y una de las claves es que este tipo de líder suele rodearse de colaboradores sumisos, tanto como para no cuestionarlo, pero, este líder no estará pisando sobre suelo firme por diversos motivos: alentará rencores y frustraciones en aquellos que ven su participación cercenada, mantendrá sus errores ocultos para no mostrar flaquezas, comenzará a repartir culpas para sacárselas de encima hasta llegar a un nivel paranoide y verá aumentar la presión sobre su gestión.

En la vereda opuesta está aquel que trabaja sobre la idea de equipo y desde allí se erige en líder natural del asunto. Este líder alienta a sus dirigidos para que le acerquen propuestas, escucha atentamente las opiniones de su equipo, basa su éxito en el nivel de confianza y compromiso que logra en sus dirigidos. Finalmente, entiende que dirigir a las personas es lo contrario de intentar controlarlas.

Este clima es claramente el más propicio para llegar a grandes objetivos, pero al contrario de lo que se piensa, no se logra sencillamente y desde la simple y llana naturalidad. La creación de un escenario abierto y participativo es fruto de un arduo trabajo a largo plazo, que incluye algunas medidas radicales como una mentalidad que permita perder el temor a los conflictos y que no personalice los errores. Por último, un director que planea instalar este clima abierto debería contar además con la capacidad de seducir con su discurso a todo el equipo.

Síntesis del Capítulo 10

- Cada discípulo tiene que hacer su propio camino, porque andar por sí solo es una manera de afirmarse a sí mismo. Todo aprendizaje lo debe hacer uno mismo o no se lo comprenderá nunca.

- Las experiencias de equipos de trabajo sin jefe son muy difíciles de implementar: y es que en todo líder anida un deseo indomable de controlar.

- El primer paso que debe dar un líder que desea darle libertad a su equipo, es destruir su figura de líder, darle un mazazo a su ego.

- Los liderazgos autoritarios nacen de la confusión: se cree erróneamente que el poder está relacionado con el uso de la fuerza, con la dominación.

- Quien lidera desde la participación logra un equipo dinámico, comunicativo, basado en la confianza; un equipo que soporta los más duros retos.

Practicidad, simplicidad, espontaneidad, informalidad e instinto (aprendiendo de los maestros zen)

Como ya hemos visto, el Zen es practicidad pura, nada interesa a este antiquísimo pensamiento oriental todo aquello que tiene que ver con la teorización, para el Zen la clave está en la experimentación directa, en la visión del mundo tal cual es y la vivencia sin vueltas, en plenitud y naturalmente. En otro terreno, como el de los negocios, esta actitud sería la de un sujeto práctico, sencillo, directo.

En el mundo empresarial ser práctico es por correlación ser flexible y, al mismo tiempo, ser flexible significa estar abierto a los cambios, dispuesto a la innovación. Pero, y aquí llega el problema, un término como "innovación" suele asociarse a problemas. ¿Por qué?, porque los cambios (y esa es la esencia de la innovación) suelen exigir un esfuerzo extra y, por sobre todas las cosas, indican que hay que salirse de la comodidad y de lo conocido para adentrarse en lo inexplorado, en lo desconocido. Y sabido es que todo lo desconocido está asociado a la incertidumbre, al temor, y como respuesta, entonces, las propuestas de cambio suelen recibir una negación. Sin embargo, si nos adentramos en las enseñanzas Zen veremos que no es tan problemática la situación que plantean los cambios: lo que realmente acarrea problemas es la actitud que adoptamos frente a los desafíos.

La palabra clave en este caso es "flexibilidad", algo que en física se definiría como la capacidad que tiene un cuerpo sólido para resistir la presión de otro cuerpo sólido, modificando su forma hasta que pase la presión, para luego recuperar la forma

original sin daño alguno. Quien no adopta esta actitud seguramente repetirá acciones hasta el hartazgo y hasta hacerlas
ineficaces por su misma repetición. Y como líderes, incluso, podemos contagiar nuestra inmovilidad a toda la organización.

La gran pregunta en este caso es: ¿cómo vencer el miedo a
innovar? La innovación es un término repetido hasta el hartazgo en el terreno de los negocios, pero puesto en práctica en
muy pocas ocasiones. En este terreno deberíamos comenzar
por diferenciar la actitud de las pequeñas organizaciones con
respecto a la de las grandes organizaciones. Las pequeñas organizaciones son más propensas a introducir cambios en su
esquema, ya que es la manera más eficaz de posicionarse en
un mercado competitivo. En cambio, las grandes compañías
suelen tener una actitud totalmente contraria: si algo ya las
hizo grandes —razonan— es por que ese algo funciona y no
tienen pensado arriesgar la situación con un cambio. Claro,
las pequeñas compañías cuando crecen y adoptan la forma de
una gran compañía, adoptan la actitud conservadora de ésta.

También es necesario hacer una diferenciación entre los distintos niveles de innovación existentes, ya que no en todos los
niveles son igual de revolucionarios, ni tienen el mismo impacto
sobre la organización y el mercado. Están aquellas innovaciones
que apenas si son mejoras sobre productos ya existentes y, por
otro lado, están aquellas que revolucionan el mercado. En las
pequeñas compañías sólo hay lugar para el último ejemplo, las
grandes se conforman con el primero de los casos.

Lo cierto es que ante el nivel de competitividad existente
en el mundo de los negocios, grandes o chicos, todos deben en algún momento optar por la innovación, pero aún
así hay algunos que no se animan al cambio. Y, ¿qué ocurre
con aquellos que no se animan a innovar? Pues que tarde
o temprano se encontrarán atrapados en una repetición infructuosa. Para salir de este círculo existe la posibilidad de
que busquen escapar a la comodidad y el letargo, por lo que

deberían comenzar a implementar procesos de incentivación para aquellos integrantes del equipo de trabajo que presenten una propuesta innovadora.

Simplicidad (volver a lo básico)

Ser simple también es ser sencillo. Por lo pronto, la sabiduría oriental nos advierte sobre nuestra idea equivocada de la inteligencia. Tomemos este consejo para nuestro modo de comunicarnos en el mundo de los negocios: Es común pensar que para ser sujetos exitosos en la vida empresarial, o para ser verdaderos líderes, nuestro lenguaje debe tener una marca de elite. Así, nuestros enrevesados razonamientos deberían ser aquello que marque nuestra superioridad ante nuestros subordinados. Nada más errado. En este caso, para un líder, menos es más y entre los primeros valores a rescatar en nuestros mensajes deben estar, en primer orden de prioridades, la brevedad (que no haya palabras de más), la claridad (que no contenga construcciones rebuscadas), la densidad (que cada palabra y cada frase tenga valor por sí misma) y la certeza (que elijamos las palabras justas).

El resultado está a la vista: cuando nuestro mensaje se da de un modo simple, con un lenguaje transparente y actuamos acorde a lo que decimos, nuestra organización marcha hacia el éxito. En cambio, cuando nuestro mensaje es incomprensible, cuando nuestras propuestas son impracticables y nuestro andar es incoherente con nuestras palabras, estamos encaminándonos inexorablemente hacia el fracaso.

Si una vez lanzado el mensaje poco nos importa si fue entendido en profundidad o no; y aún así, conscientes de nuestras fallas de comunicación, dejamos a la libre elección de cada uno de nuestros subordinados la interpretación del mensaje; cuando llegue el momento de las respuestas caeremos en la cuenta del error, porque ninguna de las mociones de nuestros subordinados se acercará –ni por poco– a nuestras expectativas. El malentendido recién tomará forma cuando el proyecto ya esté avanzado y sea tarde para reparar confusiones diversas. Luego vendrán los encontronazos, los dichos y los desdichos. Por lo pronto, si no baja el mensaje con claridad, lo más probable es que cada grupo interprete lo que se le plazca.

Volver al origen (un paso atrás para disponerse al salto)

El Zen describe al estado de iluminación o satori como una vuelta a la mirada original que se tiene del universo todo, como un nuevo despertar a la realidad, despojado de todo prejuicio adquirido; de alguna manera, como una mirada no intoxicada, como empezar de cero, impoluto de marcas y falsas construcciones.

¿Cómo sería una vuelta al origen en el terreno de los negocios? Podríamos probar con volver la mirada a nosotros mismos, observarnos, vernos desde afuera, sólo así sabremos lo que estamos brindando al otro, cuál es la imagen real que estamos proyectando sobre los otros. Y aún podríamos ir más allá: ¿qué tal si volviéramos imaginariamente a la actitud que teníamos cuando niños? Los pequeños viven en la sorpresa continua, todo los maravilla, todo se presenta como nuevo y, al mismo tiempo, viven para el juego, el disfrute, el placer. Pero, ¿somos capaces de encarar los negocios, nuestra profesión, nuestro trabajo, con la misma cuota de placer con la que los niños se posicionan ante su existencia diaria?

La primera reacción será decir que es imposible disfrutar porque el trabajo, en sí mismo, es una obligación, y en muchos casos una dura carga que nos quita tiempo para hacer otras cosas que realmente disfrutamos. Sin embargo, nada es más evidente que todo se nos hace más fácil si hacemos lo que más nos gusta. Si nuestro trabajo consiste en hacer algo que realmente disfrutamos y encima nos pagan por eso, ya estamos en el camino de convertirlo en una situación placentera. ¿Y dónde está la señal de que uno está disfrutando de su trabajo?, pues muy sencillo, en la sonrisa.

Practicidad y simplicidad según Lin-chi

Lin-chi es una de las personalidades más reconocidas en la historia del budismo Zen. Discípulo del gran Huang-po, Lin-chi fue el fundador de la primera de las cinco escuelas tradicionales del Zen en China, escuela que lleva su nombre y que durante siglos fue la más influyente de todo el budismo chino en general.

Las anécdotas y enseñanzas (en forma de Mondos) que utiliza Lin-chi están compiladas en *Lin-chi-lu*, una de las obras más clásicas y reconocidas del Zen. Allí puede verse con claridad la insistencia de Lin-chi por poder lograr una actitud sencilla, práctica y despojada en el camino de la iluminación de sus discípulos. Veamos algunos ejemplos:

"Los antiguos vivían la vida con enorme despreocupación, actuando apropiadamente en función de cada circunstancia particular, según como ésta surgiera y según como llegase (sin directrices ni ideas preconcebidas); (...) No hay lugar en el budismo para el esfuerzo, simplemente sean ustedes mismos, sin nada especial. Hagan caca, lávense el culo, pónganse la ropa y coman la comida. Cuando estén cansados, sólo vayan a acostarse. Los ignorantes se burlarán de esto, pero los sabios lo comprenderán".

"¿Quieren saber a quién se parecían los grandes Maestros? No tenían nada que no tengan ustedes. Si intuyen esto, no hay diferencia entre ustedes y esos viejos Maestros. Si lo que quieren es parecerse a ellos, dejen de mirar hacia afuera. Sean ustedes mismos; (...) Todos tenemos la naturaleza búdica; el problema es que ustedes no tienen fe, no creen lo bastante, carecen de libertad, de paciencia, se pierden en una persecución constante de cosas ajenas y lo único que consiguen es un mero conocimiento intelectual, teórico que se aleja por completo del camino de la vida (...) Cuando dejen de correr detrás de las cosas externas, entonces es cuando finalmente se parecerán a los viejos Maestros".

"No busquen en la palabra escrita, los esfuerzos mentales los van a agotar y no conseguirán nada. En realidad no hace falta ninguna cosa en especial: pónganse la ropa que tengan, coman su arroz, dejen pasar el tiempo, con tranquilidad, sin hacer nada, dejando que todo pase".

Espontaneidad (naturalidad y creatividad al servicio de los negocios)

La sabiduría oriental nos enseña que todo lo que fluye naturalmente difícilmente sea perjudicial para nuestra persona. Así también lo creen quienes en los negocios valoran características (muchas veces rechazadas por miedo al cambio) como la espontaneidad, la naturalidad y la creatividad.

El Zen tiene en aprecio a la espontaneidad y la naturalidad, pero bien aclara en sus enseñanzas que no son características de la persona que alguien pueda adquirir de forma plenamente consciente. Nadie es totalmente natural ni espontáneo porque así lo planee. Imposible es que alguien sea planificadamente natural. Justamente se llega a un nivel de espontaneidad y naturalidad importante cuando uno deja de preocuparse por esos asuntos. Del mismo modo, el Zen reconoce que al satori (o estado máximo de iluminación) se llega cuando el individuo deja de preocuparse por obtener tal estado de iluminación. El Zen sostiene, incluso, que se llega al satori luego de un estado de distracción absoluta con respecto a sí mismo y a todo lo que lo rodea. La iluminación llega cuando se resignan todos los propósitos y objetivos.

Por estos días la espontaneidad es sinónimo de sinceridad, de ser abierto, sin dobleces, cristalino, claro, auténtico. También la espontaneidad es sinónimo de seguridad: quien es espontáneo es seguro en su andar, está convencido de sus condiciones naturales y profesionales. Aun así muchos temen optar por una actitud espontánea y hasta eligen una actitud en contrario. Y lo absolutamente contrario a la espontaneidad sería el control férreo, la racionalidad excesiva y su correlativo, la hipocresía. Todas características que las organizaciones modernas intentan erradicar de sus grupos, al mismo tiempo que trabajan para imponer su modelo más natural y de apertura. Por lo pronto, deberíamos tener en cuenta que un líder que busca la espontaneidad y la apertura en sus dirigidos debería:

- Aminorar las críticas negativas y aumentar las observaciones positivas en su equipo. Sabido es que nadie actúa naturalmente si está condicionado por una cúpula híper crítica que no deja pasar una situación de equívoco y que plantea una situación que en nada se parece a una relajada predisposición a la naturalidad.

- Abrir las puertas a la experimentación. Sólo aquella organización que da lugar a las ideas innovadoras y a los empleados creativos es capaz de ver nacer integrantes espontáneos y abiertos.

Sin embargo, es necesario hacer una aclaración: la espontaneidad mal entendida puede convertirse en un dolor de cabeza. Decir una verdad en un momento inconveniente o a una persona no indicada, más que espontaneidad está ligada a la inconsciencia y a la falta de tacto. Ser espontáneo no es solamente dejarse llevar por los impulsos para decir lo primero que se nos viene a la cabeza o hacer lo que se nos venga en gana. Una sinceridad saludable bien entendida, también tiene su cuota importante de racionalidad, de sensatez. Podemos decir que para un buen aprovechamiento de la naturalidad, la sinceridad y la espontaneidad, es necesaria una actitud equilibrada que sopese la cortesía, el buen tino y, sobre todo, la inteligencia. Para evitar esta espontaneidad mal entendida es que el Zen mismo no estimula la acción irreflexiva o impulsiva, sino que busca la espontaneidad ante las más diversas circunstancias, donde los actos se continúen unos a otros sin titubear, inmediatos y eficaces.

La espontaneidad y la naturalidad también están estrechamente relacionados con otro término tan altamente valorado como temido en el mundo de los negocios: la creatividad. ¿Y cómo son las distintas reacciones ante la creatividad? Ante un sujeto creativo, seguramente, la primera impresión será de incomodidad, de riesgo. Un subordinado creativo anticipa unos cuantos dolores de cabeza, ya que, indefectiblemente, llegará para cuestionar nuestras formas de trabajo, con las que ya nos sentíamos cómodos e instalados en una situación apacible. Incluso, asumirá riesgos a los que no estábamos acostumbrados. Todas estas acciones son naturales en el sujeto creativo que gusta del movimiento y del cambio permanente. Claro que ante este panorama no serán pocos los líderes que preferirán dar lugar a personas sumisas, previsibles y disciplinadas, antes que a sujetos que llegan para movilizar lo establecido. Y aun más:

la propia personalidad del creativo es, en sí misma, una contradicción permanente. Pueden ser, a la vez, agudos e ingenuos, extrovertidos e introvertidos, humildes y orgullosos, agresivos y protectores, realistas y fantasiosos, rebeldes y conservadores, enérgicos y pausados, integrados y diferenciados.

Pero una vez más la sabiduría oriental está allí para aleccionarnos sobre la potencialidad de aquello que parece incoherente, sobre lo fructífero de las contradicciones, sobre lo productivo que puede resultar algo que, a primera vista, se nos presenta como un problema. Y volviendo a la actitud que debe asumir el líder ante un creativo, podemos advertir que, en primer lugar, quien desiste de tener entre los suyos a un creativo o, peor aún, quien lo tiene pero no lo deja actuar libremente, está perdiendo una oportunidad invalorable. Debiéramos tener en cuenta que la creatividad es un bien que escasea. En el terreno de los negocios, para despegarnos de un sinfín de competidores con similares características, la creatividad se está convirtiendo en un elemento apreciado.

Para tratar con los creativos existe una posición proactiva y una posición reactiva. Un líder que quiera dar lugar a los creativos (proactivo) para explotar su potencialidad, en función de todo el proyecto, debería propiciar un clima que aliente la creatividad y el actuar de los creativos, que los incentive y los estimule. El directivo debe dar señales claras de que está a gusto con las nuevas ideas y para ello debe dar lugar a las acciones relajadas y a largo plazo, reconociendo los esfuerzos de los diferentes. Como resultado, seguramente obtendremos una propuesta con valor agregado que nos hará diferenciarnos saludablemente de la competencia.

Muy por el contrario, el líder menos indicado para relacionarse con los creativos (reactivos) es aquel inseguro de sus propias capacidades, aquel que en todo cambio ve un riesgo, aquel que no acepta más ideas que las propias y que está satisfecho cuando todo está bajo su control. Claro que los resultados que acompañarán esta actitud serán anodinos y mediocres.

La espontaneidad según Huang-po

El Maestro Zen Huang-po legó a la sabiduría oriental su ya célebre obra *Tratado sobre la doctrina de la mente*, donde se ve reflejada gran parte de sus enseñanzas que hacen hincapié sobre la importancia de la experiencia directa, y lo inútil de la intelectualización de los problemas:

"Es precisamente por el hecho de buscar el hallazgo de la Naturaleza Búdica que uno produce el efecto contrario de no encontrarla; (...) no puede ser buscada ni solicitada, ni asimilada a través de la sabiduría o el conocimiento, ni explicada en palabras, ni puede hacerse tangible o alcanzarse a través de ningún tipo de acciones u obras meritorias (...) Si se cree que se puede usar la mente para buscar, se falla en comprender que aquello que busca y aquello que es buscado son en realidad lo mismo (...) A los hombres les asusta el olvidar sus propias mentes, tienen miedo de caer a través del vacío sin nada a lo que poder agarrarse, no saben que el vacío no es en realidad sino el reino mismo del Dharma. Temiendo que ninguno de vosotros comprendiese esto, los budas usaron el término Tao, mas no se debe asociar ningún concepto a este nombre; se dice: 'Cuando se atrapa el pez, se olvida la red'; cuando el cuerpo y la mente alcanzan la espontaneidad, el Tao es alcanzado y la mente universal es por fin comprendida (...) En otros tiempos, las mentes de los hombres eran agudas; con sólo oír una frase, abandonaban el estudio y eran llamados 'los sabios que, abandonando todo aprendizaje, reposan en la espontaneidad'. Hoy en día, la gente sólo busca atiborrarse de conocimientos y deducciones, poniendo gran énfasis en las explicaciones escritas, y a esto lo llaman practicar".

La espontaneidad según Ma-tsu

Ma-tsu, uno de los más grandes Maestros del pensamiento Zen, se cuenta entre los que más influyeron sobre la reformulación china de éste. Veamos algunas de sus anécdotas, que nos ayudarán a entender su concepción de la espontaneidad:

Un discípulo fue a visitar al Maestro Ma-Tsu, para que este lo guíe por el camino de la iluminación: "–Maestro, vine para que me revele el último de los mensajes del budismo, –pidió el discípulo.

–Por supuesto que te lo contaré, pero un tema tan profundo como este requiere de ti una postración de respeto al Buda, –respondió con severidad y solemnidad el Maestro.

Fue entonces que el discípulo deseoso de recibir el secreto de su Maestro adoptó la posición de postrarse ante el Buda y en ese preciso momento y por sorpresa el Maestro le dio un puntapié en el culo al discípulo. Se dice que en ese instante el discípulo alcanzó su satori".

Informalidad, improvisación e instinto (riesgos y ventajas de lo no tradicional)

Informalidad, improvisación e instinto, son tres términos con no muy buena fama dentro del mundo de los negocios. En principio, la informalidad es un término que, desde su perfil despectivo, se refiere a todo aquello que no ha adquirido la categoría de lo válido, profesional, oficializado. Aún así lo que muchos ven como un aspecto negativo, podría entenderse desde la mirada del Zen como una oportunidad de crecimiento.

Tomemos el caso de los vendedores informales, aquellos que suben a los transportes públicos. De alguna manera tienen espíritu de emprendimiento y mucho más potenciado que muchos incorporados al circuito de venta oficial, pero por cuestiones del mercado no han podido desarrollarse. Aun desde la precariedad tienen la posibilidad de manejar sus ideas y sus criterios de trabajo. Además, existe en estos casos un potencial innato para hacer negocios. Tan válido es vender un producto en un tren como vender un producto en una cadena de negocios, no varía demasiado la forma, y en las dos situaciones hay personas con una gran capacidad para los negocios.

En cuanto al término improvisación (hacer algo sin haberlo planificado previamente), puede decirse que es un recurso que estimula la creatividad y, al mismo tiempo, conlleva un espíritu emprendedor. La improvisación como recurso estimula la creatividad y acciona las habilidades dormidas del pensamiento. La creatividad se nutre de la imaginación y por lo tanto entrena la mente. Al mismo tiempo, saber improvisar ante situaciones inesperadas es uno de los recursos más valorados en el terreno de los negocios.

Por último, yendo al término "instinto", vemos que esta es una característica más emparentada con el mundo animal. Bien sabemos que los animales siguen sus instintos para conseguir comida y sobrevivir, pero de alguna manera una organización comercial, ¿no necesita aprender a sobrevivir? Se supone que los humanos actuamos en la mayoría de las ocasiones mediante el uso de nuestra inteligencia pero, ¿qué tan fructífero sería un poco de instinto en el mundo de los negocios?

Y por cierto que las organizaciones modernas no toman en la actualidad sus decisiones sólo por trabajos de investigación y planificación, también suele tener un peso importante la intuición de los hombres de negocios. Por supuesto, la intuición en los negocios no es puro "instinto", sino que de alguna manera está cimentada sobre el conocimiento, sobre un conocimiento de perspectiva, que indica cómo reaccionará el mercado, cuáles serán las necesidades futuras de los posibles clientes, y muchos etcéteras más.

Por lo tanto un instinto bien trabajado puede volverse una fuente de información más que confiable para tomar decisiones en el mundo de los negocios. Aquel hombre de negocios que sepa descifrar y anticipar las señales que deja ver el panorama del mercado y el ánimo de los potenciales clientes, tiene un futuro más que promisorio en el terreno de los negocios. Quienes hagan un buen uso de la información que puedan captar, puede que se conviertan con el tiempo en eficaces visionarios que podrán pronosticar sin temor a considerables equivocaciones, aquello que necesitará el mercado. Así se arriesgarán en las inversiones, pero siempre dentro de una lógica de viabilidad económica.

Entonces, ¿por qué es tan importante el instinto para el mundo de los negocios de hoy en día?, pues porque en los tiempos que corren la renovación de las necesidades, y con ellas el lanzamiento de productos que se superan unos a otros en cuestión de días, son tan rápidos, tan veloces, que aquel hombre de negocios que espera en demasía al mercado para ver cómo éste reacciona, seguramente verá pasar las oportunidades aun antes de haber iniciado una reacción.

El instinto según Pai-chang

Discípulo del sabio Ma-tsu, el viejo sabio Pai-chang, fue uno de los Maestros Zen más reconocidos de Oriente. Entre sus enseñanzas pueden encontrarse brillantes ejemplos que nos hablan lateralmente de la importancia del instinto en la vida diaria y, puntualmente, uno de los Mondos que lo tiene como protagonista así lo refleja:

Algunos dicen que la situación se dio cuando un discípulo le preguntó: "Maestro, ¿cual es la esencia verdadera de la Iluminación?".

A lo que Pai-chang contestó: "Comer si hay hambre, dormir si hay sueño".

Otra versión de este célebre Mondo dice que el discípulo preguntó: "Maestro, ¿qué es el Zen?", y el sabio Pai-chang contestó: "Cuando tengas hambre, come; cuando tengas sueño, duerme".

Síntesis del Capítulo 11

- El término "innovación" casi siempre se asocia a problemas. Suele exigir un esfuerzo extra y nos empuja a salir de la comodidad y a adentrarse en terrenos desconocidos.

- Aquellos que no se animan a innovar, tarde o temprano se encontrarán atrapados en una repetición infructuosa.

- Para un líder, menos es más. Entre los primeros valores a rescatar en nuestros mensajes deben estar, en primer orden de prioridades, la brevedad, la claridad, la densidad y la certeza.

- Ser espontáneo no es dejarse llevar por los impulsos, decir imprudentemente lo primero que se nos viene a la cabeza, hacer lo que se nos venga en gana. Una sinceridad bien entendida, también tiene su cuota importante de sensatez.

- Nadie es totalmente natural ni espontáneo porque así lo planee. Imposible es que alguien sea planificadamente natural. Justamente, se llega a un nivel de espontaneidad y naturalidad importante cuando uno deja de preocuparse por esos asuntos.

- La improvisación como recurso estimula la creatividad y acciona las habilidades dormidas del pensamiento. La creatividad se nutre de la imaginación y, por lo tanto, entrena la mente. Al mismo tiempo, saber improvisar ante situaciones inesperadas es uno de los recursos más valorados en el terreno de los negocios.

- Un instinto bien trabajado puede volverse una fuente de información más que confiable para tomar decisiones en el mundo de los negocios.

- La intuición en los negocios no es puro "instinto", sino que, de alguna manera, está cimentada sobre el conocimiento, sobre un conocimiento de perspectiva, que indica cómo reaccionará el mercado, cuáles serán las necesidades futuras de los posibles clientes y muchos etcétera más.

Capítulo 12

El origen de las grandes ideas

¿Es posible reconocer el momento exacto en el que somos testigos del nacimiento de una gran idea, de una de esas iluminaciones que ocurren muy de tanto en tanto, que pueden cambiar por completo el rumbo de nuestros negocios? Una vez más echemos mano a la aplacada sabiduría que puede aportarnos el Zen, y veamos un paralelo entre las grandes ideas y el estado de satori al que, de alguna manera, aspiran todos aquellos que practican el Zazen.

Pero, ¿qué es exactamente el satori? Pues, no es menos complicado de explicar que tantos otros términos propios del Zen. El satori es el estado de iluminación, un despertar a una conciencia nueva, el mismo al que arribó el primero de los budas y tras el que marchan todos aquellos que practican Zazen. Para comprender un poco más el término, están quienes lo comparan con el momento en el que un sujeto puede resolver un gran enigma en ciencias exactas, o con el momento en que nos llega como una ráfaga un recuerdo que creíamos enterrado, perdido. Pero, también, tal como estamos intentando hacer nosotros, el satori podría asimilarse a ese momento en donde encontramos la solución a un problema (que eso es la idea). Claro que todas estas comparaciones corren por el terreno de la intelectualidad… y nada más alejado del satori que el intelecto… y no hay nada más alejado del intelecto que la situación de satori, porque éste no significa la adquisición de un nuevo conocimiento. El Zen, en su totalidad, huye del conocimiento, porque el conocer tal como la mente occidental lo entiende, sería el paso mismo de la conceptualización de un algo y, al mismo tiempo, la racionalización de ello. Terminantemente, el Zen no es raciocinio.

Tal vez podría entenderse al satori como un despertar de conciencia a la realidad última y perfecta del mundo. Justamente, cuando el primero de los budas llegó al estado de satori logró salirse de la realidad, liberarse de ella, de la manera más intelectual de acercamiento a ella y de la visión del mundo tal como el común de los mortales lo conoce.

¿Puede, entonces, servirnos la concepción del satori para comprender el nacimiento de una idea? Pues, sí, completamente. El satori cambia por completo la percepción del mundo en aquel que lo experimenta, se adquiere una nueva perspectiva de la vida y del mundo todo. Cuando estamos ante el nacimiento de una gran idea, seguramente tendremos la misma sensación. Si experimentamos un cambio profundo en la manera de mirar las cosas, es una clara señal de que nos hemos topado con una idea de las grandes.

Necesidad y creatividad: socios potenciales

Los casos abundan para confirmar tal sentencia: las grandes ideas nacen de la necesidad, muchas veces desde la precariedad, en los lugares y desde las personas menos sospechosas de una gran idea, y para resolver pequeños problemas. Si no me creen, solo es cuestión de poner el ojo en todas las grandes ideas relacionadas con las nuevas tecnologías (Internet, la red de redes, sobre todo) que dieron un giro de ciento ochenta grados a la vida moderna tal y como la conocíamos. En la gran mayoría de los casos el nacimiento de estas ideas cumple con las condiciones contadas al inicio de este párrafo: dos o tres personas "comunes" viviendo al día en un garage o en una casa de suburbio, y una gran pero gran idea a punto de explotarles en las manos.

A fines de los años 30 (1938 más exactamente), dos jóvenes estudiantes de la Universidad de Stanford, William R. Hewlett y David Packard, hicieron amistad. Con esos apellidos y el tiempo como evidencia cualquiera hubiera apostado que harían una buena sociedad. Sin embargo, hasta ese momento solo era una pequeña aventura. William y David montaron una pequeña oficina en el garaje de una casa de suburbio y comenzaron a darle forma a su proyecto con una insignificante inversión inicial de 538 dólares. Algunos dirían que tenía un estilo minimalista, pero lo cierto es que la situación económica de ambos los obligaba a que la oficina contara sólo con una sencilla mesa y un multifuncional mueble archivador. Con el tiempo sus apellidos, Hewlett y Packard, se convertirían en la marca más prestigiosa de productos informáticos. Aquella primera vivienda-oficina pasaría a tomar la forma de sitio histórico norteamericano. No muy diferente es la historia de *Apple*, empresa surgida en California y con origen en común con HP (William Hewellt participó de ambos orígenes) de la inventiva de un niño de 12 años llamado Steve Jobs, y en el cobijo de un garaje paterno que tuvo que ser adaptado a las necesidades de la naciente y promisoria compañia. Y el mismo camino recorrió el ahora ícono de las nuevas tecnologías, Bill Gates, que pasó en un par de décadas de ser un aplicado estudiante obsesivo de la informática a el más grande magnate de los negocios tal como lo conocemos hoy. El germen de Microsoft, que cuenta sus inicios en 1975, tiene como punto de partida el garaje familiar de la familia Gates.

Mil setecientos dólares mensuales es lo que pagaban los jóvenes Larry Page y Sergey Brin por el alquiler de una propiedad familiar en la Avenida Santa Margarita en Palo Alto. Eran inicios de los noventa y estos compañeros de la Universidad de Standford ya tenían masticado el nacimiento de un buscador de Web que, poco antes de terminar la década, ya revolucionaba el mercado con el ahora hiper célebre nombre de Google. La iniciativa era tan familiar que la viuda que les alquilaba la vivienda hoy forma parte del gigantesco monstruo de las nuevas tecnologías.

No muy distinto es el origen de la ahora en boga Facebook, que nació en una habitación universitaria norteamericana, o del célebre entretenimiento virtual Second Life, que nació en un almacén de San Francisco. E igual de ejemplificador es el origen de Youtube, el mayor archivo de videos en la Web por estos días, que nació de la inventiva de Chad Hurley y Steve Chen, a quienes se les ocurrió darle forma al asunto luego de que en una fiesta escucharan a uno de los asistentes quejarse de lo complicado que era compartir el video de aquel buen momento en la Web.

Las grandes ideas llegan en el momento menos esperado

Para alcanzar tal estado de satori no hace falta una preparación intelectual y sesuda, por ello ningún Maestro Zen puede educar a sus discípulos en la manera de llegar a un satori. Además, ya hemos dicho que la iluminación es un camino plenamente personal e íntimo. Sí, claro que al satori se llega luego de la interiorización del Zen, porque de alguna manera la iluminación, el despertar, es el punto de culminación de un proceso individual.

Pero lo que aquí nos interesa del satori es, especialmente, la disposición del sujeto momentos antes de alcanzar el estado de iluminación. Allí, el Maestro Zen deja al discípulo de alguna manera librado a su suerte, para que éste pueda experimentarlo personalmente. Este "dejar librado a su suerte", también, busca que el discípulo desvíe su atención de la consecución del satori y es que el satori se hace presente cuando el sujeto ha dejado de buscarlo... y no antes.

El satori llega casi como un arrebato, camuflado en las experiencias más mundanas. Puede ser un hecho que ya ha ocurrido infinidad de veces pero al que no se le ha prestado atención. El satori sobreviene cuando se dice alguna palabra (cualquiera sea), cuando el sujeto se detiene un segundo sobre un detalle hasta ese momento ignorado de la naturaleza, cuando el individuo está en pleno quehacer doméstico, y en otras tantas situaciones cotidianas.

Y es que el satori suele ser el momento que le sigue a un estado de distracción absoluta. Poco antes de alcanzarlo, el sujeto se ha olvidado por completo de su persona, de los objetivos detrás de los que corría, casi que se ha despojado de su propia persona. ¿El estado del sujeto que está a punto de ver nacer una gran idea será del mismo tenor?

Muchas universidades han financiado estudios complejos de la mente para descubrir el momento exacto en que se genera una idea. Las conclusiones a las que se ha arribado son de lo más interesantes y, en muchos aspectos, hay coincidencias con el estado de satori. Veamos:

- Se ha comprobado que a pesar de lo que se cree, las mejores ideas son aquellas en las que el sujeto trabaja individualmente. Muchos estudios han comprobado que las sobrevaloradas "tormentas de ideas", no dan como resultado las ideas más lúcidas. Y es que en el trabajo individual de una idea hay más lugar para la distracción y, aún cuando se crea lo contrario, el trabajo de una idea lúcida necesita de distracción. Además, en un trabajo en equipo sobre ideas se van criticando o sumando elementos a una idea inicial que tal vez cambie el rumbo de la propuesta original, tal como la tenía planeada su autor.

- Como ya adelantamos, un elemento muy importante para generar ideas es un estado cercano a la relajación. Los nervios, la tensión, no nos dejarán generar ideas, nos bloquearán en nuestro intento desesperado. No por nada muchas de las mejores ideas surgen cuando estamos en estado de somnolencia, mientras nos pegamos un baño, cuando estamos nadando o haciendo un deporte muy liviano y, ¿por qué no?, mientras miramos el techo acostados en el sillón del living.

- Las mejores ideas no llegan si el sujeto se concentra en demasía sobre un asunto en particular. Lo más recomendable es relajarse y dejar que el cerebro reorganice sus pensamientos. Y es que como también hemos dicho (y en paralelo con la consecución del satori), difícilmente se llegue a la concreción de una idea cuando se está demasiado consciente de la llegada al objetivo.

Las grandes ideas son fruto del trabajo sostenido

En las compañías que apuestan a la innovación nacen cantidad de ideas por día, todas tienen cabida pero, ¿cuántas llegan a ser grandes ideas?, ¿y por qué el resto se queda sólo en ideas? Y es que las grandes ideas son como esos robles añosos que hoy nos intimidan con su porte y su tamaño. Seguramente, fueron una frágil ramita asomándose tímidamente desde un jardín, necesitada de cuidado, de una guía que la haga crecer derecha, de riego, de cariño. Si bien era un árbol, más se asemejaba a una promesa de un gran árbol. En estas grandes compañías de las que hablamos, suelen aceptarse abiertamente las nuevas ideas, son bienvenidas, pero también se tiene plena conciencia de que la gran mayoría de esas ideas recién nacidas no llegarán muy lejos. También los hombres de negocios brillantes saben cuáles son las que tienen pasta para convertirse en "grandes ideas", y en ellas se deposita una esmerada atención, mucho cuidado y mucho, mucho trabajo. Sólo es cuestión de volver a pensar en los casos –que hemos citado más arriba– sobre las gigantescas compañías nacidas de la creación de un par de visionarios y hacernos la siguiente pregunta: ¿cuántos intentos fallidos habrán quedado en el camino hasta que la gran idea se hizo realidad?

Y volvemos a preguntarnos algo que pocos párrafos atrás intentábamos dilucidar: ¿cómo es posible saber que lo que tenemos entre manos es el germen de una gran idea? Y, segundo, de ser esa una potencial gran idea, ¿cómo hacemos para que no quede sólo como un borrador en nuestra cabeza? Podemos darnos cuenta de que tenemos una futura gran idea entre manos, porque quienes la conocen se ilusionan con ella, hacen planes, se entusiasman, también porque se acercan interesados que quieren llevarla a la realidad y, por último, porque "empuja" para ser realizada y comunicada. Además, porque íntimamente nos damos cuenta de que será de gran utilidad. ¿Y cómo la convertimos en realidad?, pues dedicándole tiempo, y como ya hemos dicho, mucho trabajo. Una gran idea es una apuesta, un riesgo y requiere de nuestra valentía. Volviendo a la relación con el Zen, se dice que el satori, si bien parecería el punto de llegada, no es sino el momento en el que se inicia el Zen, el punto de partida. Todo lo anterior ocurre como una preparación para ese momento. Lo mismo ocurre con las grandes ideas. Con el arribo de una idea el camino recién se ha iniciado. Allí comienza el verdadero trabajo.

La naturaleza del genio

¿Es que alguien simplemente nace creativo?, ¿o es que hace falta mucho trabajo para que la creatividad nos fluya "naturalmente? Algunas teorías dicen que, en gran parte, el genio, la creatividad, son hereditarios, biológicos. Otros dicen que es cuestión de entrenarnos en la creatividad, que nos suele salir al encuentro cuando estamos trabajando para ella.

Lo que sí es cierto, es que la creatividad es una marca propia del ser humano, una capacidad que le ayuda a adaptarse a los problemas, a sobrevivir. Un acto creativo puede ser mirar las cosas desde otro ángulo, darle otro uso del común a los objetos, intuir los problemas y las posibles soluciones por venir, salirse de lo clásico, aportar por nuevas opciones, rebelarse contra lo establecido y otros tantos etcéteras. Aún así queda mucho trabajo por hacer para descubrir la verdadera fuente del ingenio.

Será cuestión de seguir explorando el asunto.

Síntesis del Capítulo 12

- Si experimentamos un cambio profundo en la manera de mirar las cosas, se trata de una clara señal de que nos hemos topado con una idea de las grandes.

- Las mejores ideas no llegan si el sujeto se concentra en demasía sobre un asunto en particular. Lo más recomendable es relajarse y dejar que el cerebro reorganice sus pensamientos.

- Estamos ante una gran idea cuando quienes la conocen se ilusionan y entusiasman, cuando se acercan interesados, cuando se revela útil, cuando puja por ser contada.

- Para que una buena idea se convierta en realidad debemos sumarle trabajo y una cuota de valentía.

Epílogo

Filosofía milenaria para el siglo XXI

Somos plenamente conscientes de que surcamos una época de materialismo, consumismo y poca y nada espiritualidad. En tal contexto, ¿qué sentido tiene la práctica del Zen? ¿Es que estamos desfasados en el tiempo? ¿Nacimos en la época equivocada? Nada de eso, pocas cosas son tan necesarias y pueden rendir tantos frutos como la práctica del Zen en los tiempos que corren.

Tanto es así que cada comienzo de la jornada en cualquiera de las grandes ciudades del globo, son miles los que reciben el día en postura Zazen: inmóviles, libres de todo pensamiento. Seguramente son importantes ejecutivos de portentosas multinacionales o, tal vez, exitosos publicistas o artistas de renombre, o encumbrados agentes de bolsa. Todos van recorriendo el mismo camino, todos buscan la iluminación, la misma que experimentó el primer Buda 2500 años atrás.

Hasta no hace mucho, el Zen era un asunto casi desconocido para la mente occidental, con excepción de unos pocos estudiosos del orientalismo. Pero de un tiempo a esta parte, el Zen ha despertado curiosidad al nivel de las grandes religiones. Una vez que Occidente posó su mirada en la sabiduría práctica de Oriente, no pudo desviarla, fascinado por lo riquísimo de su contenido.

El Zen llegó a Occidente a comienzos del siglo pasado, de alguna manera lateralmente, por las artes marciales, las técnicas para la ceremonia del té o el paisajismo. Pronto, cantidad de artistas e intelectuales estaban detrás de sus secretos. Y como el significado profundo del Zen es un significado universal, no hubo demasiado más que hacer para ser testigo de su ingreso a los círculos más cerrados de Occidente.

Si eres un hombre de negocios, novato en esto del Zen, luego de transitar estas páginas es posible que tú también estés prendado de este nuevo conocimiento y quieras saber mucho más acerca de esta espiritualidad oriental. A mano tienes muchísima bibliografía disponible para seguir profundizando en el asunto. También es posible que sientas curiosidad a un nivel tal que estés pensando en practicar Zazen. Seguramente a no mucha distancia de tu hogar esté esperándote algún Maestro para que te sumes a sus clases. Si además de ser un hombre de negocios, también eres un apasionado del Zen, habrás encontrado una nueva forma de mirar esta espiritualidad oriental, mucho más cercana a tu quehacer diario, mucho más encajada en el contexto en el que te mueves día a día.

Ya fuiste testigo de cómo el Zen puede ser utilizado en tu provecho para mejorar tu comunicación no verbal; también has experimentado cómo estos milenarios conocimientos pueden potenciar el trabajo en equipo, cómo el Zen puede ayudarte a reconocer a un gran líder o, cómo desde el mismo Zen, puedes identificar una gran idea. Este camino de iluminación, seguramente, ha resignificado tu manera de mirar los contratiempos, revalorizando características tan poco usuales en el mundo de los negocios como la humildad, el desprendimiento y el desapego. Espero, entonces, que hayas disfrutado el viaje.

Breve glosario Zen

Bodaishin: Se llama así al estado espiritual del Buda cuando alcanzó el satori (la iluminación o el despertar) bajo el árbol de la bodhi, 500 años a.C.

Bodhidharma: (vivió aproximadamente entre 470-543) Monje indio que se decía el discípulo número 28 del Buda. Iniciador del Zen en China (siglo VI). Fue discípulo de Hannyatara. Nació en Ceilán y viajó a China por mar. Se dice que durante nueve años practicó Zazen en la montaña, en una cueva de Shaolín hasta que encontró al discípulo Eka, a quien dio luego la transmisión del Dharma. Fue Bodhidarma quien imprimió elementos del taoísmo y el confucianismo al Zen en China

Buda: Como generalidad el término significa "El Despierto". Se aplica a aquel hombre que alcanzó la iluminación o el despertar perfecto. Como particularidad, cuenta la tradición que fue un legendario sabio indio que nació en la ciudad de Lumbini.

Budismo: Religión que estableció el Buda Shakyamuni a partir de su realización del despertar en Zazen. Sus conocimientos se difundieron de Oriente a Occidente.

Chan: Forma abreviada del término Ch'anna que deriva de la palabra sánscrita Dhyana. Cuando pasó a China, el *dhyana* fue nombrado con el carácter chino *chan* manteniendo el mismo sentido que en India // Escuela Chan: Iniciada a mediados del siglo VI. Esta escuela apunta a un carácter directo e intuitivo como vía para llegar al ansiado despertar. Esta reformulación del budismo estará centrada en el trabajo de la mente y de la meditación (de ahí el nombre de la escuela porque la palabra chan, de alguna manera, podría traducirse como "escuela de la meditación").

Dharma: Tiene varios sentidos: por un lado puede entenderse como el conjunto de procesos que rigen las leyes del universo. Su segundo significado es: enseñanza del Buda que está en armonía con la ley cósmica. Por otro lado, la tradición cuenta que el primero de los Budas fue a Sarnath, al Parque de los Venados (una ciudad india que con el tiempo se convertiría en una de las cuatro ciudades santas del budismo y la cuna de la primera comunidad budista), y allí dio el primero de sus discursos que se conoce con el nombre de "La puesta en movimiento de la rueda de verdad o Dharma".

Dhyana: su significado podría ser "concentración", pero puntualmente es la primera forma (en sánscrito) en la que se llamó a aquello que hoy conocemos como *Zen y* designa un estado mental cercano a la contemplación y la meditación, pero con un sentido más amplio que el que pueden entender los recién iniciados.

Dojo: Lugar donde se practica el Zazen. También lugar de práctica de artes marciales. Su significado literal en japonés es "el lugar de la vida".

Dogen: (1200-1253). Fundador de la escuela Soto Zen (la parte del Zen que pone más énfasis en la práctica del za-zen) en Japón (1227). Sus enseñanzas se encuentran contenidas en el Shobogenzo.

Gassho: Acción de juntar las manos verticalmente ante sí e inclinar hacia adelante la parte superior del cuerpo. Es parte del ejercicio de respiración y postura en la práctica del Zazen, pero también funciona como una alegoría de la unidad y, al mismo tiempo, es utilizado como un saludo, nuestra de respeto y veneración universalmente reconocido.

Hishiryo: Significa "Más allá del pensamiento". Es el estado perfecto de pensamiento para la correcta práctica del Zazen. Se controla la ansiedad de pensamientos de tal manera que se logra un estado de no-pensamiento.

Kesa: Es el hábito tradicional del Buda, su vestimenta. Tradicionalmente se cuenta que este "ropaje" se hacía con tela de desechos. Alegóricamente tiene varios significados: por un lado se dice que representa la humildad y el despojamiento de quien practica el Zen, al mismo tiempo (como el Maestro debe dar a su discípulo su *Kesa*) es también una forma de pasar el conocimiento Zen de generación en generación.

Koan: Elemento central de escuela Zen conocida como Rinzai. Especie de respuestas sin sentido (en realidad desafían el intelecto), que el Maestro contesta ante la pregunta de su discípulo en los diálogos conocidos como Mondos.

Konchin o Kontin: Uno de los errores más comunes durante la práctica del Zazen. Especie de somnolencia o adormecimiento. Estado de relajación física y mental muy similar al sueño. Ante la aparición de este estado, la conciencia pierde perspicacia.

Mondo: *Mon* ("preguntas"), *do* ("respuestas"). Diálogos aparentemente incoherentes entre Maestro y discípulo que, en realidad, quieren desafiar mediante paradojas, la participación y la toma de decisiones del discípulo.

Moshotoku: Sin meta, sin espíritu de provecho. La esencia del espíritu Zen junto con hishiryo. Significa o puede traducirse como "dar sin esperar nada a cambio".

Rinzai Zen: Una de las dos escuelas del Zen que persisten hasta nuestros días (la otra es la de Soto Zen). Nació de la enseñanza del Maestro Rinzai-Lin- chi. En el Zen Rinzai se utilizan de una manera más formal los Koan que tienen como base los diálogos entre antiguos Maestros y alumnos (mondo). La escuela Rizai propone llegar al satori alimentando la duda mediante el trabajo con el sistema Koan, que propone el desafío de resolver los diálogos entre Maestro y discípulo.

Sanran: Otro de los errores más comunes durante la práctica del Zazen. Especie de estado de supra-ansiedad y excitación incitado por las preocupaciones de la vida cotidiana, que lleva a la distracción. Llega acompañado por un estado completo de rigidez corporal.

Satori: También conocido como despertar o iluminación. Un despertar a una conciencia nueva, el mismo al que arribó el primero de los budas y tras el que marchan todos aquellos que practican Zazen.

Shakyamani: Figura fundacional que es al Zen lo que es Cristo para los cristianos y Confucio para el pensamiento chino. El Buda Shakyamani nació en el 563 a.C. en el sur de Nepal (geográficamente ubicado en el Himalaya, hoy entre la República Popular China al norte y la India al sur) en el seno del clan de los Shakya, una rama de la casta Kshatriya. Finalmente, el buda Shakyamani murió en Kusinagar en el año 483 a.C. Su discípulo Mahakashyapa sería el continuador para propagar las enseñanzas del Zen.

Shiho: Transmisión íntima del Dharma de Maestro a discípulo.

Shikantaza: significa "solamente sentarse". Concentración y observación en la práctica de Zazen. Es la naturalización de la postura, la perfección de ésta en la práctica del Zazen.

Shobogenzo: Obra maestra del Maestro Dogen. Compilación de su enseñanza en el dojo por su discípulo y sucesor en el Dharma Ejo. Contiene noventa y siete capítulos.

Soto Zen: Con el Rinzai, una de las dos escuela del Zen que existe en la actualidad. Nació en China con el Maestro Tozan Ryokai y su discípulo Sozan. Es la que difundió el Maestro Dogen en Japón. Se basa en la práctica de Zazen. La escuela Soto Zen tiene como herramienta para llegar al satori la contemplación silenciosa.

Zafú: Almohadón redondo relleno de miraguano que se utiliza para sentarse en Zazen. A primera vista el *zafú* es un almohadón con nada especial. Más profundamente analizado, es uno de los objetos más altamente estimados en el Zen y, nada más y nada menos, que el asiento del Buda. Cuenta la tradición que el Buda Shakyamuni, el iniciador del Zen, se fabricó su propio *zafú* con hierbas secas, para poder así colocarse en la postura correcta de Zazen.

Zazen: Concentración en la posición sentada. "La práctica del Zazen" que en una primera mirada, liviana, proveniente de un iniciado, no sería más que esa típica postura del hombre sentado en posición de loto y dispuesto a la meditación. De alguna manera, y muy sucintamente, sí es eso y de ahí la expresión japonesa Zazen que no significa otra cosa que "meditar sentado". Aun, así el sentido es muchísimo más profundo y complejo. Lejos de ser sólo una técnica de meditación y aún más lejos de considerarse sólo un ejercicio. Zazen es una postura de yoga, pero no cualquier postura de yoga, contrariamente deberíamos decir que es la postura de yoga más perfecta, la postura a la que conducen todas las demás posturas.

Zen: "Dhyana" en sánscrito, "Ch'an" en chino, "concentración" en castellano.

Índice

Introducción 5

Capítulo 1
El camino del Zen: de Oriente a Occidente,
del monasterio a la urbe. 7
  Primera estación: India 7
  Segunda estación: China 10
  Tercera estación: Japón 12
  Cuarta estación: Occidente 13
  Síntesis del Capítulo 1 14

Capítulo 2
¿Qué es el Zen? 15
  Síntesis del Capítulo 2 18

Capítulo 3
Zazen, el motor del Zen 19
  ¿Qué es el *zafú*? 20
  Una postura de yoga muy especial 20
  Errores en la práctica de Zazen 23
  Síntesis del Capítulo 3 24

Capítulo 4
La importancia de la experiencia directa
en el mundo de los negocios 25
  La realidad sin dobleces: cambiar espejo por vidrio 25
  Zen: una invitación a la experiencia directa 26
  En los negocios, la única verdad es la realidad 27
  La realidad en acción es Zen 29
  Síntesis del Capítulo 4 33

Capítulo 5

La formación experiencial como escuela del éxito 35

La mente de todos los días 36

La importancia de la formación experiencial
en el mundo de los negocios 37

Volver al origen: lo lúdico en la formación experiencial 38

Síntesis del Capítulo 5 44

Capítulo 6

Prueba y error (la crisis como
oportunidad de aprendizaje) 45

La crisis traducida en oportunidad 48

Síntesis del Capítulo 6 50

Capítulo 7

Saber elegir: paso fundamental hacia el éxito 51

El desaprendizaje: un camino inverso para triunfar 53

Anexo: Moshotoku, Hishiryo y Shikantaza,
términos para tener presentes 56

Síntesis del Capítulo 7 59

Capítulo 8

Hablando con el cuerpo: comunicación
no verbal para potenciar nuestro mensaje 61

Los tres pilares para la práctica correcta del Zazen 61

El lugar ideal para la práctica del Zazen 65

La importancia de la comunicación no verbal
en los negocios 66

Algunas claves para la comunicación no verbal 68

Síntesis del Capítulo 8 72

Capítulo 9

Tips para reconocer a un gran líder 73

Condiciones para reconocer al líder correcto 74

Síntesis del Capítulo 9 81

Capítulo 10
Lugar e importancia del líder 83
La fuerza del líder invisible:
¿es posible una oficina sin jefe? 84
No hay mejor líder que aquel que domina su ego 86
La diferencia entre dirigir y controlar............................... 87
Síntesis del Capítulo 10..91

Capítulo 11
Practicidad, simplicidad, espontaneidad, informalidad,
e instinto (aprendiendo de los Maestros Zen) 93
Simplicidad (volver a lo básico)....................................... 95
Volver al origen (un paso atrás para disponerse al salto)... 96
Espontaneidad (naturalidad y creatividad
al servicio de los negocios)... 98
Informalidad, improvisación e instinto
(riesgos y ventajas de lo no tradicional)..........................103
Síntesis del Capítulo 11 106

Capítulo 12
El origen de las grandes ideas 109
Necesidad y creatividad: socios potenciales....................110
Las grandes ideas llegan en el momento menos esperado....112
Las grandes ideas son fruto del trabajo sostenido 114
Síntesis del Capítulo 12...116

Epílogo
Filosofía milenaria para el siglo XXI................................117

Breve glosario Zen 119